【文庫クセジュ】

イエス

シャルル・ペロ著
支倉崇晴／堤安紀訳

白水社

イエス

【文庫クセジュ】

シャルル・ペロ著
支倉崇晴／堤安紀訳

白水社

目次

序

ナザレのイエスに関する歴史書を書くことは果たして可能だろうか。書けるとすればどのように書けるのか。史的研究がどの程度までしっかりとした土台を据えられるか。一見して放棄したくもなるであろう。それも確とした理由があってのことだ。ただちに指摘できるのは、福音書から取り出せる情報の相対的貧しさと、キリスト者の復活信仰が刻印されたこの資料の特徴そのものである。したがって、この歴史に関する問いかけは、四福音書の中に記載されたデータを時として無批判に受容することと、この主題に関して価値を持ってはいる要素をこれまた理由なく拒絶することとのあいだで立ち往生しているようである。それゆえ、歴史小説はというと、信頼できる資料に対する考慮なしに、読者を躓かせないまでも、驚かせてそれでよしとしている。『ダ・ヴィンチ・コード』がその一例である。私たちの目的は、こうした岩礁のあいだに道をつけることであろう。歴史家は、その専門分野では、データを過大にも過小にも評価することなく、史料の価値を値踏みすることになる。少なくとも五〇年前から、数多くの文学的探究や一連の考古学的発見の結果として、イエス史料がとりわけ補強されたことを付言すべきであろうか。したがって、その実りを集約することが重要なこととなる。本書は次の諸点に取組むことになる。

第一章　最初に、史的研究の原資料、現場、および方法に関する簡潔な統括である。紀元一世紀のギリシア・ローマ世界のさなかにある非常に特殊な歴史の領域で如何にして調べるのか。

第二章　ついで私たちは、イエスが本来属していた社会環境の中に彼を位置付けることになる。すなわち、当時非常に多様であったユダヤ教のただ中にあって、洗礼者と呼ばれるヨハネのグループやさらに他の宗教的グループと共通点を持っていた環境である。

第三章　イエスと、ファリサイ主義に近い律法学者たちとのあいだにつながりがあるとは言え、とりわけモーセの律法の問題に関して、彼らのあいだの隔たりを覆い隠すことにはならないであろう。イエスの言葉は何が新しいものに見えたのか。

第四章　癒しの行為における、そしてさらに奇妙なことに、祓魔師のようなある行動におけるイエスによる救いの行動が、私たちの注意をひくことになる。それは奇跡を証明するためではまったくなく、紀元一世紀における奇跡と悪魔祓いについての表現というものの持つ重要さを述べるためである。イエスは、ただ単に間近にやってくる神の支配を説いただけではなく、悲惨、病い、そして死からの解放を目ざす行動の中で、いわばすでにその支配を実現している。

第五章　大変混乱した政治的、また宗教的背景のただ中で、当時他のキリストたちや預言者たちがわがもの顔にふるまっているのに、イエスのアイデンティティに照準を合わせることは可能か。

第六章　この章では、ゴルゴタの丘へ登って行くイエスの足跡を辿ることになる。祭司階級の何人かのユダヤ人指導者との短い対決に続いて、ピラトの前でのローマ式裁判のあと、イエスはあわただしく十字架に架けられる。ユダヤ人の過越祭(1)が折しも始まったところであった。

（1）ユダヤ教の主要な祭りで、古代イスラエルの民がモーセに率いられて、エジプトから救出された出エジプトの出来事を記念して祝う。キリスト教では、これをイエスの復活祭として祝っている〔訳注〕。

第七章　こうした検討の後に、最初のユダヤ・キリスト教共同体が、初めから死のかなたにあって、熱き生命を自分たちのあいだで依然として燃やし続けている者に対する信仰を触れ回っていたという事実を歴史家は述べざるを得ないであろう。彼らのこの確信がイエスに関する彼らのことばの誕生の原因となり、ことば自体も復活したのだ。福音書の叙述、すなわち前述の諸点を何とか読めるようにした文学的資料の大部分を生み出すのも、この確信である。歴史的問題は、ここでは、イエスが復活したか否かを知ることではなく――これこそ信仰に属する主張である――、このような確信からくる最初の結果を歴史的に判断することにある。歴史の大転換期と同様、復活の出来事は、言葉の驚くべき湧出、こんにちの歴史をも揺り動かしている全き興奮状態にある言葉となって現われるのである。

略号、書名および略記

新約聖書の二七の書名は、共同訳やエルサレム版聖書のような仏訳で一般に用いられている略号で引用される〔本訳書では、日本語の新共同訳聖書で用いられている略語を使用する〕。

旧約聖書の書名は、その全体が引用される。外典と言われるもの、すなわち正典文書集には受け入れられていない書物の題名も同様にする〔本訳書では、ここでも日本語の旧約聖書、続編つきの新共同訳聖書で用いられている語号を使用する〕。外典の仏訳は、A. Dupont-Sommer et M. Philonenko, *La Bible. Écrits intertestamentaires*, Paris, Gallimard, 1987. の中に見出せる。この仏訳にはクムラン文書も含まれている。（その略号は*Q*である。たとえばクムラン第一洞窟『宗規要覧』第八段四行目は、一*QS* VIII、四で示される。）

キリスト教の外典は、F. Bovon, P. Geoltrain, J.-D. Kaestli, *Écrits apocryphes chrétiens*, I-II, Paris, Gallimard, 1997 et 2005. に基づいて引用される。

アレクサンドリアのフィロンの著作は、R. Arnaldez, J. Pouilloux et C. Mondésert（éds.）, *Les Œuvres de Philon d'Alexandrie*, Paris, Le cerf, 1957 *s.* に基づいて引用される。

フラウィウス・ヨセフの著書（『ユダヤ戦記』と『ユダヤ古代誌』）の区分表示は、*The Loeb Classical Library*, Londres, 1961*s.* の版に基づく。

古代のラテン語とギリシャ語の文献は、通常は「プレイアード」*La Pléiade* 叢書で用いられている題名と区分に基づく。

古代ラビ文献の題名と区分は、「ミシュナー」（二世紀末）、「トセフタ」、「エルサレム・タルムード」（四世紀末）および「バビロニア・タルムード」（五世紀末）の論述に基づく。

第一章　聖書釈義研究の原資料、現場と方法

こんにちの歴史学の要請に応える如何なるまなざしでイエスを見つめればよいのか。そして、如何なる原資料によってか？　こんにちの聖書学者の理想は、厳密に言えば、イエスの生涯を再構築することではもはやないのである。だからと言って、イエスの一生の痕跡が識別できないわけではない。

I　研究の原資料と現状

史料から得られる知識が著しく進歩しているいろいろな分野を挙げることにする。

1　新約聖書の写本

新約聖書を構成する二七の文書の原本はすべて失われている。存在しているのは、現在諸国の大図書

館に散在している古代パピルスと羊皮紙だけである。たとえば一一五のパピルス断片が現在見つかっていて、そのいくつかの起源は紀元二〇〇年以前に遡る。最古のもの（『パピルス五二』）は、一三〇年ごろに遡るので、原本が書かれてせいぜい四〇年後ということになる。これは、文学的考証によれば、九〇年代に書かれたヨハネ福音書の数行のことである。多数のギリシア語写本のうち三〇〇以上は、アンシアル書体と言われる大文字体で書かれている。全聖書を含む写本は四世紀に遡る。とりわけ重要なのは、大英博物館に展示されている『シナイ写本』と、ヴァチカン図書館の『ヴァチカン写本』である。加えて、ラテン語、シリア語、コプト語、そしてアルメニア語による数多くの古代の翻訳本が存在している。だから、古代の典礼朗読本を加えると何千もの写本となる。紀元後数世紀の著述家によって行なわれた聖書引用を校合すると、さらにずっと多数になる。それゆえ、写本状況はプラトン、タキトゥス、その他のような古代著述家のそれよりもはるかによい。たしかに、古代キリスト教徒写字生による本文書き写しの際に生じた写本間の異文は相当な数になるが、さほど重要でないものが多く、主として綴り字の間違いである。専門家たちは、古文書学と「原本研究」を細心に行なうことによって、紀元二世紀の地中海周辺地方のさまざまな場所に出回っていた新約聖書本文の二つか三つの形に多くの場合遡ることができる。そのことから、原文を真に確かな状態で示すことが可能である。新約聖書の校訂版は、おもな異文を付けてその原文を復元している。これが、信頼できる写本の基礎の上にイエス像を位置付けるために、踏まなければならない第一段階である。

2　クムランの発見

クムランの地の近くの一一の洞穴に隠されていた死海文書の発見は、一九四七年以降われわれの知識を一変させた。皮やパピルスに書かれた写本の全写真が現在では知られていて、研究者が自由に使えるようになっている――一〇年ばかり前はそうなってはいなかった。これらの文書と、クムランにごく近い地との結びつき――たとえばこの地にほとんど隣接する第四洞穴――は、確実とまでいかなくてもほとんど確実と思われる。しかしながらクムランというこの場所を、またヘブライ語や時にはアラム語で、そうでなければ最も遅れたものではギリシア語で書かれたこれらすべての写本をエッセネ派と関連づけることは、かなりの論争の対象であり続けている。エッセネ派の思想が時代と場所によって実際は異なった形をとっているように見えるだけにますますそう言えるのである。もともと甕の中に隠されていた写本は、旧約聖書から取られた数多くの聖書テクストを含む実際には全体としてかなり雑多な様相を呈している。新約聖書の形跡はまったく見られない。さらに、ほとんど修道院的形態の共同体、すなわちエッセネ派のグループの一分派をおそらく形成していた「新しい契約の民」の共同体に固有な文書が発見されている。これらの発見は二点において非常に重要である。ひとつ目は、イエスとその弟子たちも絶えず拠りどころとしていたような、一世紀に流布していた形の聖書のテクストを示していることである。さらには、七〇年に第二神殿が崩壊する以前の多様なユダヤ人社会に対するわれわれの認識がこれらの発見によって完全に一新されることが二つ目である。福音書の中に反映されているイエスの言葉と行為を、類比あるいは対比により浮き彫りにすることができるのは、イスラエルに当時存在していた政治・宗教的運動についてのこの知識に基づいてのことである。

第一の点について言えば、一挙に一〇〇〇年昔に立ち戻ることができた。というのは、このときまで知られていた聖書の完全な古代写本は、預言者たちの書については八世紀に、旧約聖書全体では十一世紀に遡れるだけであった。しかるに、クムランで発見された資料は最古のものでは紀元前二世紀まで遡り、また紀元後六八年のローマ人によるこの地の破壊のときまで記述が及んでいる。関連して、人びとは、中世にいたるまでのこれら本文の複写の際の写字生の忠実極まりない仕事ぶりに驚かされる。加えて、前記共同体に固有な写本は、その発見まではあまりにも単一的に捉えられていた古代ユダヤ教の理解が大きく打ち砕かれた。複数のユダヤ教があったと語る人さえ存在しているが、ここでは紀元七〇年の神殿の崩壊まで、さもなければ紀元一三五年のさらに徹底的な破局まで、ユダヤ教にはいくつかのグループが存在していたことを指摘するにとどめよう。その後、ラビ・ユダヤ教が幅をきかし大部分が一体化することになった。多少詳しく説明することにする。

3　ユダヤ教のさまざまな動き

イエスの時代には、当時のことばで「宗派」と呼ばれた、考え方を異にするさまざまな宗教運動が存在していた。紀元一世紀末にフラウィウス朝の修史官であったユダヤ人歴史家フラウィウス・ヨセフスによってもたらされた情報に基づいて、これらのグループのいくつかを列挙することにする。まずはサドカイ派のグループである。ここに主として含まれるのは、「長老」と呼ばれ、高位祭司階級、すなわちエルサレムの神殿を運営する大祭司たちと親しいことが多かった有力者たちである。これらの人びとは、あらゆる点で大変に保守的であった。他方、ファリサイ派の人びととエッセネ派の人びとは、どちらかというと当時の文化や宗教活動のエリートを形成していたが、両者の振る舞い方は異なっていた。律法学者たちは、多くの場合ファリサイ主義を信奉していて、ファリサイ派（「分離者」を意味する）と呼ばれる弟子たちとともに、モーセ律法の全戒律に従って完璧に生きることを望む純粋派の小集団を複数形成していた。ここでの戒律には、もともとは神殿の祭司に対して定められていた儀礼上の清さ規定が含まれている。律法学者たちは、それでも「地の民」（身分の低い人、貧しい人、清くない人たちのこと。本書五九頁参照）とかなり近い存在で、会堂において安息日の朝、地の民の宗教的水準を高めることに何にもまして打ちこんでいた。他方、エッセネ派（恐らく「聖者」を意味する）と呼ばれるひとつまたは複数のグループにも、強い宗教的渇望が浸透していた。この渇望は、儀礼上の清さ規定を尊重することにおいて、さらに大きな細心さを伴なっていた。ここでは、「新契約共同体」は、「光の息子ら」を「闇の子ら」から徹底的に分離し、義人と義人に服従する清浄者をひとつにまとめていた。エッセネ派の人びとは、エルサレムの聖職者とも、彼らの眼には不浄で汚れた者となったイスラエルの残りの人びととも妥協することなく孤立し、みずからの殻に閉じこもっていた。

　歴史家ヨセフスが語るこれら三つの宗教的動きに加えて、さらに他のいくつかの動きがやがて現われることになる。ローマ人をこの国から駆逐する望みにつき動かされている人びともいた（たとえば「追いはぎ」、「刺客」そして後には「熱心党員」である）。他にも、洗礼者ヨハネのような終末論的預言者が迫り来る終末の到来を告げていた。さらに、たとえばアレクサンドリアの近くで、「テラペウタイ」と呼ばれる修道院風（ギリシア語のモナステリオンという語が、このとき初めて古代文献中に現われる）の神への奉仕者集団を形成していた者たちもいる。これらすべては、下層民全体は言うまでもなく、ユダヤでも、ガリラヤでも、いわんや当時離教者の土地と見なされていたサマリアでも、それぞれの状況に応じて大きく分裂していた。クムラン文書は、それゆえに、このときまでに知られていた古代ユダヤ資料との比較から、騒然としていたこの世界の中に、イエスをより適切に位置付けることを可能にした。それは、これらの文書が一般にイエス以前のものであるから彼の名に言及しているということではなく、その時代のユダヤ人社会をより正確に復元するのを可能にしているということにおいてである。福音書の中に書きとめられたイエスの言葉と行為は、類比あるいは対比により、こうして特別な精彩を持つものとなる。

　この歴史研究は、次の本質的な問いと結果として結びつくことになる。イエスを、この分裂した文化的かつ宗教的状況のどこに位置付けるべきか。イエスはファリサイ主義の人びとに近いのか、エッセネ派集団に近いのか、それとももっと別なものに近いのか。神の摂理の主題に関して、隣人愛、最後の審判、そして死者の復活に関して、イエスが抱く多くの確信は、彼をとりわけファリサイ派と類縁関係にある律法学者たちに近付けていた。――だからと言って、自分に最も近しい者に対してありがちなように、イエスと彼らとのあいだに烈しい対立が起きないというわけではない。それどころか、イエスはやがて自分を死に追い込むことになる祭司たちやサドカイ派の有力者たちの世界を、無視するか、あるいは殆ど無視する。イエスはまたエッセネ派でもなかった。彼は、下層民や貧しい者、さらには社会的また宗教的意味でこの時代の下層階級を指す「罪人たち」に近い、彼の時代の民衆の世界にどっぷりとつかっている。エッセネ派の選良のほうは、離れて小集団を形成し、単に不純な異邦人だけでなく、エルサレムの祭司たち、ファリサイ派の人たち、そして自分たちと考えの合わないすべての人びとを呪っていたほどである。洗礼者と言われるヨハネもまた彼らとは違っている。彼はヨルダン川の辺で説教していて、当時の他の苦行者に似ていた。あるいはむしろ、彼は、世の終わりのしるしと驚くべき出来事が近いことを予期して、ヨルダン川のほとりで人びとを沙漠へ呼び寄せる預言者の一人の如き者であった。そのいくつかの例は後で見ることにする。要するに、この洗礼者とその弟子イエスがエッセネ派の人びとと何か絆を織りなしたということは、ありそうもないことである。それに、この人びとのことは、福音書中ではまったく問題にされていない。イエスの教えと彼らの教えは、ある点では互いに相容れない。つまりイエスは、儀礼上の清さを極端にまで実践することに強く異議を申し立てている。しかしながらエッセネ派の影響は、後のキリスト教徒の考えとその行ないの上に、とくにパウロの中に、そしてそれ以上に福音書記者ヨハネという人物を中心に結集したユダヤ・キリスト教社会の中に、明白に現われている。こうした影響力は以前にはほとんど現われていない。

それでは、イエスをどこに位置付けるべきなのか。彼は、いわば社会の周辺に生きたユダヤ人だと言ってよいのか。しかし、社会の周辺に生きたという形容詞は、ここではほとんどふさわしくない。この時代のイスラエルにおいては、多くの人びとが、宗教的正統性については云々することができずに、文化や他の諸領域で権威を競っていた。この状況は、紀元二世紀中葉以後のラビ・ユダヤ教と言われる時代になって初めて変わることになる。だが歴史家は、後の時代のユダヤ人の信条や慣行をエルサレム神殿破壊以前の宗教状況に軽々しく投影することを避けなければならない。確かに、「社会の周辺に生きた」という言葉は、どちらかというと町の周縁にいる者として、当時の宗教的選良とは距離を取り、社会の中でその誉れにふさわしい場がないイエスという人物の驚くべき特異さを際立たせることができるかもしれない。イエスは、その時代の最も認められていた人びとと比較すると、いつもずれがあり、政治的あるいは宗教的な党派に直接的には属さず、その極まるところ、絶えず移動して活動を行なう風変わりな者として人目を引いている。挙げ句の果てには、煽動家として処刑されることになる。それでもなおこの人物は、彼を取り巻くガリラヤの田舎の人びとの只中にあって、下層民や貧しい人びとの傍らにとどまっているのである。

4　ナグ・ハマディ文書の発見

新約聖書より後の段階のグノーシス主義のものと言われる文書が一九四五年以降エジプトのナグ・ハマディで発見されたが、これもまた、ヘレニスム世界をよりよく知り、いくつかの後のキリスト教共同体に対してその世界が与えた影響をよりよく知るのに役立つ。エジプトに由来するコプト語で書かれたこれらの文書の大部分は後の年代のもので、大教会[1]の信仰に反対しながらも、部分的にはイエスを援用するグノーシス社会を反映している。「グノーシス」（「知識」という意味）は、ここでは天上から来る一人の贖い主によって伝達された真理ただひとつの照明によって個人の解放を求め獲得することを意味している。イエスがその贖い主となるであろう。十字架上で得られた躓きとなる救いを行なったとっぴな人の助けを借りずにである。キリストの宗教は、そのとき超越的な起源を持つ哲学に帰すことになり、その死はほとんどまたは完全に忘れられることになる。この流れに含まれる三作品を挙げることにする。まず、（三世紀か四世紀の）『ユダ福音書』は、ユダという人物の名誉回復を望んでいて、彼はもはや裏切者ではないということになり、それどころか、イエスが肉体的衣を脱ぎ捨てるのを助けた使徒たちの筆頭者になっている。同時代の『フィリポによる福音書』は、イエスの取り巻きの婦人、すなわち妹のマリアとマグダラのマリアの姿を浮き彫りにすることにとりわけ専念している。二人は真のグノーシスを持つことになっていて、マグダラのマリアの「知識」の優越性を示すために、イエスは、当時の慣習に従って、彼女の唇に接吻することを遠慮しなかったようである（語録三二と六三）。この書の著者は、奔放な想像力によってイエスの人物像を自分に合わせてつくり上げているので、四福音書が語るイエスとは明らかに異なっている。ギリシア語によって最初に書かれたのが二世紀末に遡れると思われる『トマスによる福音書』の場合はより注目に値する。これはイエスに帰せられた一一四の言葉の集録であり、共観福音書の中で読める言葉と多少とも類似した言葉が時には見出せる。したがって、これらの語録の中には尊重するに値するものもいくつかあるが、残念ながら全体は、奇妙なグノーシス的前提が交ざったものとなっている。この宗派の見かけ上のフェミニズムを相対化するこの文書の末尾に現われている考えだけを引用しよう。「シモン・ペトロが彼らに言った。『マリアはわれわれから遠ざかるように。女たちは永遠の命に値しないからだ。』そこでイエスが言った。『ほらいいかい。私は彼女を男にするために彼女を引き寄せることにする……男になる女は誰でも天の王国に入るからだ。』」（語録一一四）。四福音書、そしてとりわけルカのフェミニズムは、これとはまったく別な印象を与える。

（1）原始教団に続く、形成途上期を終えた段階の教会。初期キリスト教史上の時代区分で、紀元二世紀末からキリスト教公認の三一三年までを大教会の時代と呼ぶ〔訳注〕。

5　古代ユダヤ教の文書

外典に分類された、つまり聖書正典の中には受けいれられなかった古代ユダヤ教の文書の解読状況が一新された結果、歴史家の視線は、さらにいっそう細部にまで届くようになっている。これら数多くの文書は、おおよそ紀元前三世紀から紀元後二世紀にわたって書かれている。これらの文書のおかげで、イスラエルおよび数多くのユダヤ人が散らばっていた地中海世界のさまざまな場所における、紀元一世紀のユダヤ人社会の様子をより正しく判断することができる。当時イスラエルには五〇万人か六〇万人のユダヤ人が住んでいたが、ほぼその八倍のユダヤ人がディアスポラ〔パレスチナの外に離散したユダヤ人のコミュニティー〕に居住していた。こうしたさまざまな文化環境について知れば、イエスという人物と、彼の時代の人びととのあいだの類似と相違をよりよく感じ取ることがあらためて可能になる。歴史は相違があるから進むのである。

これらの外典と言われる書物に加え、ユダヤ人の哲学者アレクサンドリアのフィロン（紀元前二〇年～紀元後四〇年）の著書の重要さと、さらにそれ以上にユダヤ人歴史家フラウィウス・ヨセフスの『ユダヤ戦記』（七六～七九年のあいだにギリシア語で刊行）と『ユダヤ古代誌』（九四年ごろ）という書物とに注意を促さねばならない。これらいずれも、古代世界の他の資料と同様、それらを批判的に読むことがもちろん必要であるものの、古代ユダヤ教の歴史的復元を可能にする数多くの材料を提供する。たいていの場合貶しめる表現によってはいるが、一度ならずイエスの名を記載している『ミシュナー』や、古代のラビによる注解集や、『エルサレムのタルムード』、『バビロニアのタルムード』のようなラビ的ユダヤ教の文書についても同じことであろう。ここでもまた、紀元二世紀中葉以後のユダヤ伝承によって伝えられたこれらの資料は、言ってみればその大半がイエスを受け入れなかったユダヤ人の見地からのキリスト教の特性を知るのに貴重なものであることは変わらない。

6 考古学的発掘

一世紀以上前からイスラエルでなされてきた考古学上の発見についてもわずかながら言及しておこう。エルサレムで行なわれた発掘だけを指摘しておくと、神殿の昔の階段、次いで数区間を欠くものの旧市街の城壁の跡、(現在ではダビデの塔と呼ばれている)イエスが刑の宣告を受けることになる総督邸の所在が発見されている。イエスの時代のこの街の姿が再現されるが、重要な通りを辿った十字架の道行の道筋そのものは、少なくとも巡礼者が昔から歩いてきた道筋とは非常に変化したことがわかる。加えて他のいくつかの発見も言及に値するであろう。たとえばティベリアド湖の北のカファルナウムでの発掘で、フランシスコ会の考古学者たちが、ここの漁師まちの真ん中にあるシモン・ペトロの家を発見したようである。しかし、キリスト教徒にとって、ここでそのような記憶をとどめるまでには、多分しばらくのあいだかかるであろう。ともかく、これらの発見のおかげで、福音書の物語にちりばめられている数多くの場所を生き生きと感じて読み取ることができるようになる。しかしながら、もっと最近行なわれたいくつかの発見には、疑問を呈さないわけにはいかない。それは納骨箱発見に関わることである(納骨箱とは、小さな石灰岩でできた箱で、そこに一人、あるいは数人の死者の骨が後に集められる)。イスラエルでは、必ずしも多くは二世紀より前の二〇〇〇以上の納骨箱の目録が作成されているが、それらの箱の発見は、必ずしも本職の考古学者が行なったわけではなかった。したがって、記載された死者の名前の信憑性に疑いが残る場合がある。エルサレム近くのタルピオットで一九八〇年に発見された納骨箱一〇箱には、「イエス」とか「マリア、マリアム」のような当時のありふれた名前が記載されているが、そのことがただちに福音書の人物に結びつくことにはならない。こうした短か過ぎる記載から確かな結論を述べることはほとんど不可能である。七〇以上の納骨箱に「イエス」の名が付けられているが、ナザレのイエスに明確に結びつくものはひとつもない。それらのひとつに見出された「ヨセフのイエスの息子」という記載は、小説家の想像をかきたてるだけである。二〇〇二年に東エルサレムのある墓地で見出された「イエスの弟ヨセフの息子ヤコブ」という記載のほうが、恐らくずっと重要であろう。これは、紀元六二年に投石刑に処されたイエスの弟と言われるヤコブに関連しているかもしれない。いささかの躊躇の挙げ句、この記載はどちらかと言えば正しいと認められ、その結果、エルサレムの神殿の破壊の前のイエスに関する最初の証言の中に入れられることになるようである。たしかに、ヤコブ、ヨセフそしてイエスの名は、第一世紀に遡ることが知られている何千もの納骨箱ではありふれている。が、同じ家族の中でこの三つの名が組み合わされていることは、それだけで大きな驚きである。その上、ヤコブの名に結びつけられた「イエスの弟」という言及は、納骨箱では異例である。――このことは、この初期の時代にエルサレムにおいて、イエスの重要性がすでに認められていたことを示してもいるようである。こうした推論は、しかしながら憶測にとどまっている。イエスに関する他の非キリスト教的情報源を見つけることは、いったい可能だろうか。

7　イエスに関する外部証言

聖書正典以外では、イエスに関する直接的、あるいは間接的資料には、一世紀以上前からほとんど変化がない。非キリスト教徒の著作家からの資料は依然として稀であるが、それでもそれらの資料が貴重であることに変わりはない。スエトニウスの伝えるところによると、クラウディウス帝の下した決定により、紀元後四九年には、あるいはおそらく四一年にすでに、ローマからユダヤ人は追放されることになった。「ユダヤ人は、クレストゥス（キリスト）の煽動により、年がら年中騒動を起こしていたので、ローマから［皇帝により］追放される」（スエトニウス『ローマ皇帝伝』第五巻「クラウディウス」§二五、〔国原吉之助訳、岩波文庫、一九八六年、一一〇頁〕）。ところで、この蜂起、さもなくばこのキリスト（油を注がれた者あるいは王なる救世主の意）に従うメシア熱の激発が、すでにイエスを認めていたローマ在住のユダヤ人で、私たちにもその名がわかっている何人かの者を、実際に巻き添えにしていた。つまり、「使徒言行録」一八章二六節によるなら、アキラとプリスキラ夫婦がそれである。少し前にアンティオキアでは、キリストを証していた者たちは、**chrestianoi**（キリスト者たち）とみずからを呼ぶ——あるいは敵対者からそのように呼ばれる——ようになっていた。すなわち、キリストのシンパ、あるいは神から油を塗られた者メシアの信奉者たちという意味である（使一一の二六）。というのも、およそ六四年までは、ローマ人からは、イエスに対する信仰を告白するユダヤ人も、たいていの場合、他のユダヤ人たちと同一視されていたからである。そして、その片方を標的にする異教徒からの激しいユダヤ人排斥運動は、同じく他方にも及んだ。

皇帝一家に仕えるフラウィウス・ヨセフスが、一世紀末に重要な歴史上のデータを二つ伝えることになる。まず書きとめられるのは、前述したヤコブという名前と、六二年の彼の殉教への言及である。「(大祭司) アナノスは、スュネドリオンの裁判官たちを招集した。そして彼はクリストスと呼ばれたイエスの兄弟ヤコボスとその他の人びとをそこへ引き出し、彼らを律法を犯したかどで訴え、石打ちの刑にされるべきであるとして、引き渡した」(『ユダヤ古代誌六、新約時代篇XVIII〜XX巻』XX、§二〇〇〔秦剛平訳、ちくま学芸文庫、二〇〇〇年、二九一頁〕)。このユダヤ人著者の筆の下では、キリストという語は、この時代の他の暴動の煽動者にも付与され、むしろ軽蔑的な意味合いを持っている。イエスとその弟子についての二つ目の言及については、それ自体もっと多くの問題がある。なぜなら、写本が何度も相次いで書き直される際に、ギリシア語本文のいくつかの改変がキリスト教徒の手によって行なわれたことが疑われるからである。すなわち、この書物の知られている三つの重要な写本に見られる通りの「フラウィウスの証言」(同書、XVIII、§六三〜六四〔同訳三四〜三五頁〕)が問題となる。現在のテクストを正しいと認めない専門家たちもいれば、丸ごと全部受け入れる専門家たちもいる。最も多いのは、後世の改変の存在を認めている専門家たちである。そのテクストは、おそらく三世紀の加筆と多くの研究者に思われている三ないし四つの要素をブラケット付きにするなら、次のようになる。「さてこのころ、イエスという賢人［実際に、彼を人と呼ぶことが許されるならば］が現われた。彼は奇跡を行なう者であり、また、喜んで真理を受け入れる人たちの教師でもあった。そして、多くのユダヤ人と少なからざるギリシア人とを帰依させた。［彼こそはキリストだったのである］。ピラトスは、彼がわれわれの指導者たち（すなわちユダヤの高官）によって告発されると、十字架刑の判決を下したが、最初に彼を愛するようになった者たちは、彼を見捨てようとはしなかった［すると彼は三日目に復活して、彼らの中にその姿を見せた。すでに神の預言者たちは、これらのことや、さらに、彼に関するその他無数の驚嘆すべき事柄を語っていた］。なお、［彼の名にちなんで］キリスト教徒と呼ばれる族は、その後現在にいたるまで、連綿として残っている。」これら挿入と考えられるものを省くと、テクストは、ヨセフスの語彙となじみの文体でできている。著者は、彼の時代にキリスト教徒について言われていたことをおそらく伝えているのである。言葉遣いには節度があるが、結局のところあまりキリスト教的なものではないことに気付かされるであろう。イエスは単に賢人とされている。当時の言葉で言う知恵の教師である。キリスト者なら、その主をこのように言うことはなかなかできない。他方、イエスは、イスラエルに他にもいたような奇跡を行なう者であったらしい。しかし、キリスト教徒である写字生なら、むしろ侮蔑的な意味合いの「奇跡を行なう者」という言葉を書き添えることは、なかなか難しかったであろう。つけ加えると、アガピオスという名のヒエラポリスの司教が、十世紀に、前記の異本に類似したこの資料の要約異本を提示している。

最後に、紀元一二〇年より以前に、ローマの歴史家タキトゥスが、次の表現で、キリスト教徒に対する最初の迫害に言及している。「元首の慈悲深い援助も惜しみない施与も……不名誉な噂を枯らせることができなかった。民衆は『ネロが大火を命じた』と信じて疑わなかった。そこでネロは、この風評をもみ消そうとして、身代りの被告をこしらえ、これに大変手のこんだ罰を加える。それは、日頃から忌わしい行為で世人から恨み憎まれ、クリストゥス信奉者と呼ばれていた者たちである。この一派の呼び名の起因となったクリストゥスなる者は、ティベリウスの治世下に、元首属吏ポンティウス・ピラトゥスによって処刑されていた。その当座は、この有害きわまりない迷信も、一時鎮まっていたのだが、最近になってふたたび、この禍悪の発生地ユダヤにおいてのみならず、世界中からおぞましい破廉恥なものがことごとく流れ込んでもてはやされるこの都においてすら、猖獗をきわめていたのである……（彼らは）放火の罪というよりむしろ人類敵視の罪と結びつけられたのである」（タキトゥス『年代記（下）』第一五巻四四（国原吉之助訳、岩波文庫、一九八一年、二六九～二七〇頁））。ここでは、キリスト教を、ローマ的表現では公認宗教に属していないすべてのものを指すことばである迷信と同一視していることが読み取れるであろう。その上、ローマ世界では、処罰の理由として、「人類敵視の罪」が、ユダヤ人一般に対して、それ故に同じくユダヤ・キリスト教徒に対しても広められていた。

以上の情報は、数少ないが重要である。聖書正典中の話とは明らかに異なるキリスト像を私たちに見せるからである。ポンティオ・ピラト治下の死と、キリストあるいはメシアというこの時代には大変危険であった政治・宗教的称号のイエスへの付与とは、歴史面では重要な二つの要素になっている。にもかかわらず、こうした確実な点が存続しているのは、キリスト教に関わるテクストのみを通じてである。それらのテクストを批判的に読むこと、すなわち文学や歴史に関して現代の方法論が正当に要請していることを尊重して読むことが重要である。

II　さまざまな読み方と研究の諸方法

古今を通じて、新約聖書のいくつもの読み方が行なわれてきたが、とりわけ二つが重要である。久しい以前から教父によって維持されてきた信仰者の読み方は、聖書によってよりよく生きるために、教会の定める一貫性において聖書を理解する。読者たる信仰者は、弟子たちのあいだにいるかのようにいわば「入り込み」、その結果自分も主によりよく従うことになる。二つ目の読み方は、前の読み方に本質的に対立するのではないが、これらのテクストが書かれた時の歴史的側面をもっと考慮するのである。この読み方は、したがって、解釈する（exégétique ということで問題となる語には、「外に」を意味するギリシア語の *ex* が接頭辞となっている）ためにテクストに対して距離を取ることになり、書かれている物語の内容や史実性に関する副次的考察へと導かれる。第一の読み方においては、教会の生活に何にもまして必要とされるテクストが、いわば信仰者の個人および教会人としての形成に役立つよう「働く」。毎日曜日の典礼での朗読がその極致をなしている。第二の読み方の場合においては、この働きの内的歯車や、これらのテクストの文学的創造過程に関心が向けられる。福音書の物語は、初期キリスト教集団の中にどのようにして少しずつ姿を現わしたのか。このことを考えるとき、歴史的側面が重視されるが、それだけというわけではない。

第一の読み方のすばらしい例証は、ヨゼフ・ラッツィンガー（名誉教皇ベネディクトゥス十六世）の著書『ナザレのイエス。洗礼から変容まで』（フラマリヨン書店、二〇〇七年）に見られる。著者は、「（神の子を）信じて、われわれが彼の名により命を受けるために」（ヨハネ二〇の三一）という福音書記者ヨハネの意図にぴったり照準を合わせている。ラッツィンガーは、歴史批判型の聖書解釈の結論を間接的によりどころとしながらも、福音書の内容を、正典を全体として考察するという枠の中で説明している。ラッツィンガーの福音書の読み方はおのずと信仰の行為に導かれ、したがって、「信仰のキリスト」が「歴史のイエス」に断絶なく定着することになる。両者は即座に一体となり、神が受肉してイエスになったのであるから、神の子の歴史的現実もまた触知できるものとならねばならない。「真のイエス」は指で触れられるもののようであるが、偏狭な原理主義に陥ることなく、だからと言ってこの呼び名の重みを歴史的にはかる手段を必ずしも読者に与えるわけではない。本書とは違って、こういうことが直接的には著者ラッツィンガーの目的ではなかった。というのも、二つのやり方を区別し、復活したイエスを信仰することと、イエスについて歴史的に多少とも言い得ることとのあいだの方法論的距離を尊重することが重要なのである。要するに、たとえ「教会公認の読み方」が目下間違いなく確かなものとされているとしても、だからと言ってその読み方も仮説であることを免れられない。つまりどのような社会において、いつ、どんな契機で聖書コーパスの不断の全体的読み返しが行なわれるかによるという相対性を帯びていないわけではない。ある意味では、歴史批判的聖書解釈は、これらさまざまな教会的読み方を整理するための客観的布石を打つことができるのである。以上に加えて、福音書の大きな部分を占めているイエスの奇跡物語への言及が本書では少ないことに読者は気付くだろう。――それは、当時聖書に用いられていた言語にまっすぐつながる問題、したがって聖書解釈学につながる問題なのである。

1　微妙な文学的分析

キリスト教徒であるか否かを問わず、歴史家というものは、聖書の物語を読むときは、昔用いられていた語の重みをはかる批判的視線を持つものである。歴史家は、自分の考えを表現するその時代のさまざまなやり方、当時の作品化の手法、そしてもはやこんにちでは行なわれなくなっている歴史の記述法を評価せねばならない。たとえば、古代の歴史家たちは、ある人物あるいはある出来事の重要さをより適切に物語るために、歴史的な叙述と象徴的なタッチの書き方をすぐごちゃまぜにしがちであった。実のところ、著者が神というものに多少とも訴えるや否や、どうやってこのような言葉の型から逃れるのか。象徴が歴史を抹消はしないものの、この種の書き方は、現代の歴史家にその視線を少しずらすようにと強いるものである。ある出来事の叙述が、超越的存在に満ちた色とりどりのイメージで包まれるからなのである。象徴的な言葉は、ある出来事の意味を明らかにし、それなりに歴史的により本質的なことを強調する。だがそれを、出来事を伝えるためもっぱら逸話を語る年代記とは違った言葉を使って行なうのである。

一世紀以上前から行なわれてきた文学的分析の手続きを数語でまとめることは難しい。しかしながら、手短かながらもそれら手続きに言及することが重要であることには変わりはない。得られる結論が歴史の分野に関わり、またそれ故に福音書に基づいたイエス像に関わっているからである。なぜなら、私たちが持っているのは、ただひとつの福音書ではなく——唯一の典拠しかなくて歴史家は何をできるであろうか——四つの福音書である。そのうちの三つは、かなり多くの並行記事があるマルコ、マタイ、そしてルカの共観福音書、およびこれらとは大変違っている四番目のヨハネの福音書である。

あらゆる文学的著作に対してと同様に、これらのテクストには、二つのタイプの視線を向けることができる。つまり、共時的視線と通時的視線である。両者を対立させるならば、どちらも損害を被るであろう。と言っても、両者を区別する必要がある。前者は、事実に基づく字義と、テクストの内的進行状況からテクストを叙述する。通時的と言われる後者の視線は、福音書の物語の文学的および歴史的生成過程を考慮に入れる。後者は、過去の出来事――たとえばイエスの癒しの動作――と、それを文学的に表象した物語とのあいだに隔たりがあったりすれば、可能な限りその隔たりを鑑定する。その際、あらゆる学問のそれぞれに特有な仮説の誤差を決して忘れないようにする。その場合歴史家は、ヘレニズムの時代の多様な世界のただ中にあって、聞こえ始めた信仰の呟きと、同じくその拒絶との反響に耳を傾けながら、十字路に立っているかのようである。要するに、共時的かつ通時的なこうした二重の視線が重要で、双方がお互いに相容れないどころではない。なぜなら、一方で、単に共時的な視線だと過去の世界に直接触れていると思ってしまう原理主義型の読み方に帰着する危険がある。他方、もっぱら通時的な視線だと、現在のテクストの理由、言葉そして機能を充分に検討せずに、何らかの相対主義に陥る恐れがある。結局、こうした文学的かつ歴史的作業は、何のためにこれらのテクストが書かれたかということを忘れると的をはずす危険がある。

少し詳しく説明しよう。すでに十九世紀末から、通時的視線がまず優位を占め、歴史批判的聖書解釈と呼ばれるものの元となる。次いで一九五〇年から、とりわけ構造主義の影響を受けた手法の導入とともに一九七〇年以降、文学的作品の構成と内的働きを対象とする関心がいっそう重要になった。歴史批判型の通時的聖書解釈の次元では、関心は、したがって、福音書の原資料と推定年代とを対象とする。出てくる結論は、この上なく客観的であろうとしながらも本質的には仮説にとどまるが、それでも重要であることに変わりはない。「原資料批判」と呼ばれているものの例を挙げよう。少なくとも二世紀前から、聖書注解者のあいだでは、三つの共観福音書の中で最古のもの、またそれ故に、当時の言い方によれば、本源的現実を最もよく指し示すことができているものはどれか、ということが問題になってきた。これについては、二つの対立する仮説がある。現在では、マルコ福音書が最古のものであるというのが多数意見である。次いで、マタイとルカが、それぞれ別々の仕方でマルコを利用した。だからと言って、この二つの福音書の重要性が減ることはない。なぜならこれら二福音書は、マルコに加えて、マルコの原資料と同じように古い、あるいはそれ以上に古い「Q資料」(ドイツ語の Quelle =原典の略)と言われる第二の原資料をも活用しているからである。明らかに状況はかなり複雑である。こうした結論は、ギリシア語で書かれた三つの共観福音書のあいだの関係についての緻密な研究から引き出された。しかしながら、ルカやマルコに比べてマタイにある程度の原初性を認め続ける聖書注解者たちもいる。

他方、とりわけ一九五〇年以降、聖書解釈の関心は少し移って、テクストを現在の構成、その最終的な編集、そしてその固有の神学に基づいて分析することが多く行なわれるようになった。現代では、多少とも内的に構造化された物語性の紆余曲折に従う物語学的と言われる読み方が、次第に幅をきかせるようになっている。最後に、時代によって聖書テクストがいかに受容されてきたかという歴史もまた重要である。一般的に最も受け入れられている批判的見解に基づいて、いくつかの成果を一言でまとめよう。福音書記者マルコは、紀元七〇年ごろに、口伝承、あるいは部分的には書き物になっていた伝承の集まりを引き継ぎ、伝記風に手直しした。彼は、おそらくローマの教会という背景の下で、当時この町のユダヤ人が話していたとおりの、かなり粗野でかつセム語特有の言い回しだらけのギリシア語を用いて、洗礼者ヨハネの説教から空の墓の話に至るまでのイエスの物語を伝えている（マルコ一の一から一六の八。一六章の九〜二〇節は紀元二世紀に付け加えられた）。とにかく、マルコでは、イエスはのっけから「神の子」として指し示されている。他方、使徒マタイと同名だが違う人物であるギリシア語による福音書記者マタイは、紀元八五年ごろにシリアのアンティオキアにあったユダヤ・キリスト教共同体の中で、マルコが著したものを引き継いで手直しし、第二の原資料つまり「Q資料」から取った多くの要素を付け加える。マタイは神の子イエスという主題に関するマルコの強調を何ら拒むことなく、イエスが何よりもメシア、イスラエルが待ち望んでいたダビデの子であることを力説する。次いで、今度は福音書記者ルカが、同時代に、そして今回はギリシアか小アジアにあった共同体を背景にして、問題となっている二つの原資料（マルコとQ）を時にかなり自由な仕方で用い、美しい文体のギリシア語も援用して書く。彼においては、パウロがその書簡で書いているのと同じように、イエスは何よりも「主」として指し示される。最後に、ヨハネの名で知られている福音書記者は、前出の共同体とは明らかに異なるユダヤ・キリスト教共同体を背景として、共観福音書とは非常に違った述べ方でその物語を著したに違いない。おそらく、現在の形のヨハネ福音書は、ヨハネと関わりのあった人びとによる長期にわたる推敲の成果である。そのいくつかの要素はマルコより前に遡る（紀元七〇年以前）と思われるものであり、また他方、九五年ごろのドミティアヌス帝による迫害時に近いころの要素もあるようである。ヨハネによるイエスの最終的呼び名は、初めはイエスの復活が信じられなかった使徒トマスの言葉に集約されている。「わたしの主、わたしの神よ」(ヨハネ二〇の二八)。

それぞれの福音書の物語は、それぞれがイエスという人物のどの特徴を強調するかに至るまでそれぞれ独自性を持っていることが見てとれる。これらの物語は、たいていは相矛盾するものではないが、その違いはなお歴然としているし、いくつかの不一致も存在している(たとえば、受難の経過がマルコとヨハネでは異なっている)。だが、歴史研究の次元では、物語のあいだのこうした類似と差異があるからこそ、歴史家は、この種のあらゆる研究に内在する仮説の許容範囲にとどまりつつも、根拠のある批判的視線を注ぐことができる。

2 歴史家の仕事

福音書についてどのように「歴史を知る」のか。だが、その進め方についていくつかの考察を述べる前に、どのようにしてはならないかを先に述べなければなるまい。福音書の物語を読んだり聴いたりする時には(歴史に関わると言えるすべてのディスクールにこの考察は当てはまるが)、読者あるいは聴き手は、語られる出来事の次元に、ここではすなわちあれこれ宣言したり行なったりするイエスの次元に、自分をただちに投影することになる。半透明のガラスを透かして見ただけのように、テクストという間接的な手段で、言葉を聴き、文学的に語られている出来事を再体験するのである。テレビを見る者が、自分を映画の筋の中に投影し、登場人物の役になり切るように、読者あるいは聴き手は、いわばテクストの中に身を置くもののようだ。映画を作った映画監督の仕事も、テレビ受像機も、忘れられたかのようである。しかしながら、テレビを見る者がたとえば退屈するや否や映画との距離を意識し、場合によっては場面の構成についてあれこれ考える。彼は解釈をしているのである。そして、歴史の一瞬を物語る映画を作るために、監督がどんな要素を集め、取捨選択し、構成に至ったかと考える時、解釈者は歴史家になっているのである。良くわかる一連の出来事を、せいぜい二時間分の総合的かつ象徴的なイメージの鋳型の中に寄せ集めているなら、その映画はよく出来ているのである。この映画監督とその観客は、現実に当の歴史を生きた人びとの誰よりもずっとよくそれらの出来事を理解しているとさえ言えるし、少なくともその歴史映画が根拠のあるものであるなら、映画化された彼らの物語は「本物」として残るのである。福音書の物語群についても、ある点では同様である。

テクストをこんにちの私たちにまで伝えた文学的、文化的、社会的そして共同体的なさまざまな媒介物の存在を意識せずに物語の中に浸ってとどまっていることが、ここでは「歴史主義」（この言葉は、人によりさまざまな意味をまとう）と呼ばれることになろう。この場合、人は、文学的に語られた歴史の中に遡って自分を投げ込む。しかし、その歴史が私たちをいつも納得させるわけではないので、それを時には自己流に作り直すことをためらわない。たとえば、モーセに導かれた紅海横断を、今なおどのように信じるのか。ここで用いられている言葉遣いと、この物語の役割との問題を自問すらせずに、この一件を説明するために、あらかじめ水が干上がるような旱魃があったのだと想像する人びとも出てくる。自分の考えで再構築した出来事に没入しているようなこの読者は、文学的に伝えられた事柄とみずからとを隔てる著しい距離を忘れている。彼は距離を置いて批判することをせず、時代錯誤の解釈あるいは心理的解釈に陥っている。そうなると、イエスは、自分の利益になるよう記憶を思い起こしたい者の時と場所に応じていわば装いを変えるのである。イエスは、誰の夢物語にも与する。したがって、フランス革命以前の法学者たちにとっての至高の立法者であったところのイエスは、国民議会の革命家たちの演説を燃え上がらせていた「ナザレのサンキュロット」に場所を譲ることになる、等々。要するに、原理主義的と言われる読み方は、語られた物語と、過去の現実として示されたこととのあいだに、いかなる隔たりも認めない読み方である。この読み方は、四つの福音書のあいだの違いを認めることさえも拒む。ところが、福音書は同じ出来事を指し示すために、ひとつではなく、まさしく四つあるのであり、それらの出来事のデータを必ずしも整合できるわけではない。福音書の数が複数であるということは、それらの出来事を損うためではなく、それらが生じた教会の司牧と宣教の要請に即してひとつひとつの出来事に固有な観念をより的確に理解するために、それらに対して距離を取ることを余儀なくさせるものである。逆に、少なくとも聖書に関しては、語られている出来事を正当なものと認めないで、そこから自分自身に釣り合った別なものを再構築することは「合理主義」と呼ばれている。たとえば、十八世紀のパウルス〔ハインリッヒ・エーバハルト・ゴットローブ、一七六一〜一八五一年、ドイツの神学者。合理主義的キリスト教を唱え、福音書の奇跡物語の合理的解釈を試みた」によるなら、イエスは、いわゆる五〇〇〇人のパンの奇跡の前夜にパンを隠しておいたことになる。そうなると、すべてが私たちの都合に合わせて再構築され得る。これは、見せかけの直接性と見なせる裏返しの原理主義である。それ故、物語の言葉遣いをはかり知り、物語の固有の役割を述べ、そして物語をその時代の中に位置付けるためには、何よりも社会・歴史学的問いかけを援用してあるがままの物語から離れないことが重要である。

以上の指示に従えば、福音書のひとつの物語を、相互に入り組んだ現実の出来事の文学的、歴史的かつ象徴的なイメージとして理解することができる。そうなると、私たちの「福音書映画作家」たちによる物語が、無価値なものどころか、むしろ似通った出来事の反響が刻まれている典型的なモデルとして、むしろ歴史が詰まり過ぎているということに一度ならず気付くことだろう。そのいくつかの例は後に挙げることにする。これは歴史家の仕事を妨げるどころか、その逆であり、しかもこの場合その時代に使われていた言葉遣いのより的確な評価も行なう。——そしてセム語の言葉遣いは、ギリシア語世界の後継者たる私たちの世界の言葉遣いとは違っているのである。さらに加えて、それぞれの福音書の物語のプリズムを通して伝えられているイエスの言葉や行為と、外見上の類似はあるものの、ギリシア・ローマ世界で知られていた言葉や行為との違いを、正確にはかり知ることが必要になる。イエスについて調べる歴史家は、イエスのもうひとつ別な生涯、自分の都合に合わせたイエス伝を作り出すことはできない。彼は、ひたすら、取り巻く背景に即して状況を判断するのであり、また、イエスと彼の時代の他の人びととのあいだの隔たりを見定めるのである。歴史家は、歴史をいわば再創造できるような神ではない。彼に出来るのは、状況が許せば、いくつかの相違を見て取ることだけであり、また検討できる資料が希で脆いために、つねにそれが可能であるにはほど遠いのである。以下の各章では、とりわけこうした「差異の基準」、相違の基準を開発することになる。もっと適切にイエス像に照準を合わせたり、あるいはそれを指し示したりできるような資料を集めるのがそのあとになってもやむを得ない。なお、社会・宗教的な背景の復元が行なわれれば、当時イエスのものとされていた振る舞いや言葉が、真にイエスのものなのかどうかを確かめられるようになるであろう。しかし、歴史研究の領域でのこのような特定はつねに相対的で断片的なものでしかなく、イエス像の全体を把握すると主張できるものでは決してない。イエスの神秘は、あらゆる人の神秘同様、歴史家のメスによっては解明しきれないものであって、そのことは、信仰者が、自分の主を公言する妨げとなるものではない。

Ⅲ　年代の手がかり

新約聖書のさまざまな近代語訳は、皇帝アウグストゥス（在位紀元前二七年～紀元後一四年）から、紀元後二世紀初頭に至る最重要年代の一覧表を巻末に掲げるのを習慣としている。新約聖書の諸文書の推定執筆年代は、おおよそ、パウロによって書かれた「テサロニケの信徒への手紙一」の五一〜五二年から、ペトロによるとされる「ペトロの手紙二」の一一〇年ごろまでにまたがっている。しかし、この点に関しては、激論が続いているので、いくつかの注記をするにとどめることにする。

古代においては、庶民が自分の誕生日を知ることはほとんどなかったし、普遍的な暦は存在していなかった。有力者においてさえ、死亡日はほとんど記録されていない。その上、王やファラオの即位から年を数えていたが、こうしたさまざまな統治者の治世の年は重複しがちであった。しかも、ユダヤの一年は一月一日ではなく、九月から十月（ユダヤ暦ティシュリの日）のあいだの新月のときに始まるのである。修道士ディオニシウス・エクシグウスが、西暦の初めをローマ建国に始まる古代ローマ暦に基づいて想定し計算するようになるには、紀元六世紀まで待たねばならなかったし、しかも彼はその際少なくとも四年の計算間違いをした。ヘロデ王は、実際は、紀元前四年の三月か四月にエリコで死んだ。しかるに、マタイとルカはお互いに知り合っていなかったが、二人ともイエスの誕生を王の死の前と記載している。したがって紀元前六〜五年にイエス誕生ということになる。

イエスの没年は、ユダヤ教の過越祭を背景とし、ポンシオ・ピラトの総督職（二六年から三六年）のあいだであることから三〇年ごろというように誕生年よりは少しは確かであるが、それ以上のことを明確にすることは困難である。というのも、三つの共観福音書が示唆する日と、ヨハネが提示する日のあいだには一日のずれが存在するからである。全員がイエスの死を金曜日としている。だが、マルコによれば、この日はユダヤ教の過越祭の七日間の初日と合致しているようで、陰暦ニサンの月の十五日に当たる（マルコ一五の二五、三三）。もしそうなら、いつものように夜明けに席についたローマの裁判官は、ニサンの月の十五日に判決を言い渡したようである。そしてただちに死刑が執行された。だが、ヨハネの記述の経過によれば、十字架にかけられたのは一日前に当たり、過越祭の前日の正午（ヨハネ一九の一四）で、イエスが死んだのは、多数の子羊が過越祭の夜の食事のためにいけにえとして殺された時のことであった。専門家たちは、天文学的計算に基づいて、ヨハネの日付の方にむしろ価値を置いている。だが、天文学の計算は、正確なパラメーターが提供された場合しか正確になり得ないが、そういうことはほとんどなく、その理由は、当時毎月の始まりを認めるのに経験に基づく仕方を用いていたことと、農作物の取り入れの必要に応じて追加のひと月を加えるというこれも経験に頼って変動する閏月挿入がなされることである。であるから天文学的計算ではなく、むしろヨハネの伝承に従って、多くの人たちは、紀元三〇年四月七日を十字架にかけられた日としている。いずれにせよ、事件はユダヤ教の過越祭の背景にどっぷり漬かっていて、パウロがすでにそう述べている（一コリ五の七）。

年代順に書かれているように見える物語や説教の文章構成に関して全般に関わる注記を付け加えておく。古代の著述家は、過去の発言や出来事を、どちらかと言えばテーマ別、話題別に集約していた。マルコにおいても同様で、たとえばイエスのたとえ話や奇跡は、出来事が一日かそこらのうちに展開したかのようにただひとつのブロックのうちに寄せ集められている（マルコ四の一〜三四、四の三五〜五の四三）。

洗礼者ヨハネについて書かれているマルコ福音書の冒頭と、エルサレムでの最後の場面を除くと、イエスの言葉や行為の年代的状況は、決定できていないことになる。要するに、マルコにあっては、すべてが数週間のうちに展開しているかのようである。それに対し、ヨハネにあっては、ユダヤ人の過越祭が三回言及される（ヨハネ二の一三、六の四および一三の一）ために、イエスの役務は少なくとも二年続かねばならないことになる。その結果、多くの人は、この役務の始まりを二七、二八年ごろに位置付けている。その上、共観福音書では、話題別の素材を配列するに当たって、とりわけ、単純な地形図によって資料をまとめている。そういうわけで、マルコでは、全体が、まずガリラヤ、とりわけティベリアド湖の周囲において展開する（マルコ一の一六から八の二六）。続いてイエスは、フィリポ・カイサリアからエルサレムへと下る（マルコ八の二七から一〇の五二）。そこで、すべてが三つの時において展開する。すなわち、ガリラヤ、エルサレムへの上京、そして受難である。ヨハネの書き方は、幸いなことにもっと複雑である。

第二章　序幕

Ⅰ　幼少期の物語

マルコは、洗礼者と言われたヨハネによる洗礼からその福音書を始める。そして、福音書記者ヨハネも同じく、あるいは殆ど同じように始める（ヨハネ一の一九以下）。これら二つの福音書には、マタイ（マタイ一～二）そしてルカ（ルカ一～二）と異なり、イエスの幼少期の物語はない。前述のように、マタイとルカの福音書の編集は、マルコ福音書の編集よりも後のことであった。私たちは、主人公の誕生や幼少期を伝えることから伝記が始まることに慣れているだけに、この点で驚かされるかも知れない。しかし、昔の人びと、とりわけセム語族の人たちは、幼少期というテーマにはほとんど関心を持たなかった。子供は、どちらかというと価値なし、あるいは殆ど価値なしと見なされていた。子供が家族の王様になるには視線の転換が必要で、それには長い時間がかかることになる。イエスがその弟子たちに、「子供たちをわたしのところに来させなさい……神の国はこのような者たちのものである」（マルコ一〇の一四）

と宣言する時、この言葉は、子供を価値あるものとするものの見方を正面切ってもたらしているのではなくて、むしろ、神の支配は、まったく取るに足りない者、あるいは自分をそのような者と見なしている者に属するのであって、この世の自称賢者や強者に属してはいないと説くものである。要するに、マルコによる福音書の第一場面は、イエスの誕生や幼少期には関心を持たないのである。なぜなら、重要であったのは、まずエルサレムで十字架に架けられた者の復活を公言すること、次いで彼の言葉や彼の行動の思い出を寄せ集めることであって、彼の幼少期時代の潤色された記述に耽ることではなかったからである。ところで、最初にわれわれに文章で証言を残したパウロは、イエスの幼少期について語っていない。例外は二つの暗示のみである。そのひとつは、「女から生まれた」(ガラ四の四)イエスについてであり、もうひとつは、「肉によればダビデの子孫から生まれ」(ロマ一の三)たイエスの素姓に関してである。マルコの方は、マリアの名を挙げるにとどめ、合わせてイエスの兄弟や姉妹の名を連ねている(マルコ六の三)。古い伝承によって、この情報は、オリエント式家族範囲という広義の意味に理解することができる。そこでは、縁続きの人びとが兄弟や姉妹と呼ばれていた(いとこということばはアラム語には存在しない)。福音書記者ヨハネはどうかと言えば、彼はヨセフおよびイエスの母と記載するだけである(一の四五、六の四二)。見てわかるように控え目な情報である。

ところで、マルコから一〇ないし二〇年後に、マタイとルカとによる幼少期の物語がこの空白を埋めることになる。ただし、この二つには相互に大きな違いがある。まず、これらの物語の言葉遣いと文体が、その後に続く場面の物語や説教のそれとどれほど違っているかに気付かされるであろう。幼少期の物語は、イエスの役務を対象とする総合的で簡潔な伝承の記述とは異なる記述になっているのである。詩情に満ち、生彩に富んだその言葉遣いは、イエスが、その深奥のアイデンティティにおいて誰であるかを、たちどころに示そうとしている。つまり、彼がメシア、ダビデの裔、そして神の子であることを。そもそもは洗礼者ヨハネから始まって復活者の十字架に至るまでだけが述べられることになっていた福音の骨組み（使一の二二、一〇の三七）の展開に先んじて、前もって決まっているようにすべてが述べられる。物語風の色彩に溢れた筆致のこの序文に関しては、歴史家たちが慎重であるのは当然である。

しかしながら、ひとつの点が不思議に思われる。福音書記者マタイとルカはお互いに知らなかったし、また二人の幼少期物語は相互に非常に異なっている。ところが、それらの違いより前に、いくつかの要素がやはり二人を近付けているのである。おそらく二人の福音書記者は、ユダヤ・キリスト教起源のいくつかの古伝承をそれぞれ自分の仕方で繰り返したのだが、しかし、その伝承の歴史的重みをあまりはかったわけではない。マタイは、ダビデの子孫の系図の中にあって、しかもはっきりとメシア的な血統の中に書きこまれているヨセフ像にまず関心を示す。つまりイエスは、まさしくイスラエルのメシアであり、待たれていたダビデの裔なのである。他方、ルカの方は、マリアという人物にとりわけ関心を抱く。その結果、イエスが処女マリアから誕生したことが、イエスの存在の根底に至るまで神の子であることをこの上なくはっきりと表わしていることになる。このタイプの物語を前にすると、歴史家は、しかるべく証明できる何らかの判断を下すことはほとんどできない。詩趣に満ちていると同時に神学的でもある両福音書記者が書いた物は、その中身の歴史的重要性の評価を許さない。だからと言ってそのことは、その書かれた物の意義をアプリオリに疑うべきであるということを意味しない。なぜなら、互いに独立しているこれら二つの伝承のあいだにある違いそのものが、両者に共通するごくわずかな要素に一部分意味を与えているからである。

両者の一致は次の点にある。マリアという名のおとめとダビデの子ヨセフとの結婚が認められた（マタイ一の一六、一八、二〇およびルカ一の二七、二の四）。主の天使がヨセフにイエスが生まれること、イエスという名、そしてダビデの裔の救い主であるこの子の使命を告げた（マタイ一の一八以下、ルカ一の二六～三二）。マリアは聖霊によって身ごもった（マタイ一の一八～二〇、ルカ一の二六～三八）。ヨセフと一緒になる前に（マタイ一八の二四以下、ルカ一の二七）、彼女はヘロデ王の時代に（マタイ二の一、ルカ一の五）ユダヤのベツレヘムで（マタイ二の五～八およびルカ二の四～一一）イエスを生んだ。そして三人はナザレに落着いた（マタイ一の二三、ルカ二の三九）。確かに歴史の所与と信仰の重要な信条が融合しているこれらの情報を、歴史家はいろいろなやり方で評価できる。しかし、歴史家は、また、これらの情報が最初期のユダヤ・キリスト教に根付いた伝承に属すものであるということは認めなければならない。この古い伝承は、イエスがダビデの子孫の中に入っていることをとりわけ強調しなければならなかったし、パウロもすでにそのことを伝えている（ロマ一の三）。この点は、そのユダヤ性を決して離れず、メシアに関して大変手厳しい初期キリスト教においては重要性を持つことになる——キリスト教界全体においてはそうなるわけではない。しかし、これらの家系図の情報が正しいかどうかを確かめることはできない（ヘロデ大王がこの種の議論を避けるためにユダヤの古い記録を焼かせてしまっていた）。ベツレヘムへの言及は、ヨハネ福音書七章四二節でなされている。だが、イエスがベツレヘムでは生まれなかったかのように反論としてである。要するに、歴史といわゆる伝説とを区別することは困難である——ここでの伝説とは、この言葉の古い意味のことで、口で伝えられたり、あるいは共同体内で朗読されたりしたことを指す。いずれにせよ、イエスの住まいがガリラヤのナザレであることは確かである（マルコ一の九、ヨハネ一の四五）。とは言うものの、少なくともマルコとヨハネのキリスト教共同体では、イエスの幼少期に関するこれらすべてのデータは、それが如何に根拠のあるものだとしても、本質的に不可欠のものとはされていないようである。キリスト教信仰は、復活者の十字架の出来事の中に根付いているのであって、彼の幼少期の驚嘆すべき物語の中にではない。

ひとつの指摘をつけ加えておく。イエスが処女懐胎あるいは処女出産によって誕生したということは、歴史家の視線をもちろん逃れている。しかしながら、これはひとつの確信なのであり、それは原始キリスト教のさまざまな社会の中で非常に早くから姿を見せていた確信である。ところで、聖書注解者は、ただ単に出来事を報告するだけでなく、古い伝承受け入れに沿って想念の歴史を追跡せねばならない。非常に早くから表明されていたこのような確信は、イエスの存在そのものにおける神の根源的な参加という考えを表わしている。恐らくこの確信は、いくつもの仕方で、いろいろな言葉遣いを用いて表わし得る。たとえば、マタイのように、ヨセフが受け入れたイエスとの養親子関係と見せかけてであったり、あるいはルカのように、聖霊の至高の支配に基づいているとしたり、またパウロのように、どれほどイエスをのっけから自分の御父と呼ぶ方の御子と見なすべきかとはっきりと宣言したり（ロマ一の三〜四）というようにである。福音書記者ヨハネも忘れるわけにはいかない。彼は、ここでもまた今挙げられたのとは別な言葉遣いで、ただちに神の「言（ことば）」（ヨハネ一の一）、すなわち今やイエスにおいて受肉している神の至高の御言葉に訴える。これらの言葉遣いの違いは、それらすべてに霊感を与えて、神とのあいだに言語を絶する絆を持っているイエスを表現するという根源的なモチーフの古さをそれなりに証明しているのである。

Ⅱ　洗礼者ヨハネとイエス

幼少期の物語に関して以上を指摘してから、とりわけ物語体で行なわれた最古のユダヤ・キリスト教の信仰教育の始まりに移ろう。これはとくにマルコと「Q資料」（マタイとルカ。マルコなし）に反映されている。福音書記者マルコは、活動を開始するイエスをよりよく位置付けるために、まず洗礼者ヨハネ像に言及する。イエスと洗礼者ヨハネの人物像は、互いにはっきり異なったものであるにもかかわらず密接な関係がある。二人のあいだのつながりと相違のゆえに、二人について正確な歴史的判断を下すことができる。

共観福音書によるなら（マルコ一の九）、イエスは、洗礼者と呼ばれるヨハネからヨルダン川の水の中で洗礼を受けた。この男は何者であり、彼の行為の意味は何なのか。彼は、如何にして、イエスによる解放の活動、つまりイエスの救いの役務の準備あるいは発端となったのか。ヨハネは、当時むしろ一般的ではなかったこの水による行為によって洗礼を授け、自分のまわりに弟子たちの一団を集めている。この一団については、福音書記者たちは、何度も記している。たとえばマルコ（「ヨハネの弟子たち」の断食に関する二の一八、六の二九）、そしてマタイ（一一の二）。このことは、歴史家フラウィウス・ヨセフスの後掲のテクストが確認している。そもそも、イエス自身、それにのちにイエスの弟子となる何人かは（ヨハネ一の三五以下）、ナザレ人イエスが自分自身のグループを結成するまでは、この洗礼者のところに属していた。

この洗礼者ヨハネは、サマリアのサリムの近く、アイノン（ヨハネ三の二三）に赴くまでは、ヨルダン川のちょうど対岸の岸辺の、どちらかというと砂漠のようなベタニアという（ヨハネ一の二八）土地で活動していた。イエスもまた洗礼を授け、弟子たちを集めることになるが、その後ユダヤに赴き、次いでこの水による行為の実践をやめることになる。今記したこれらの情報はマルコには欠けているが、ヨハネ福音書の中で報告されている。「イエスはユダヤ地方に行って……洗礼を授けておられた」（ヨハネ三の二二）。洗礼者ヨハネの弟子たちがそのときヨハネに会いに来て言った。「ラビ、ヨルダン川の向こう側であなたと一緒にいた人が、洗礼を授けています。みんながあの人のほうへ行っています」（ヨハネ三の二六）。次いでこの福音書記者は、「しかしながら洗礼を授けていたのは、イエスではなくその弟子たちであった」（ヨハネ四の二）という興味深い挿入節をつけ加える前提として、「イエスがヨハネよりも多くの弟子をつくり、洗礼を授けていた」（ヨハネ四の一）とはっきり述べている。共観福音書の物語は、この洗礼者の活動と競合するイエスによる洗礼活動をまったく記載していない。最初から洗礼者は、イエスの道を整える者、その先駆者として指し示されている。彼は、「わたしの後から来られる方」（マルコ一の七）の証人となる。なぜなら、この当時「後から来られる」と言われていた方である弟子が今やその師を越えるからである。さらに驚くべきことに、イエスはもはや洗礼を授けなくなる。福音書では、復活祭以前において、弟子たちが行なう洗礼はもはやまったく問題にならなくなる。宣教に派遣される弟子たちに与えられたイエスの命令の中にも（マルコ六の六～一三）、水による行為は無視されている。この行為は、復活祭後のキリスト者諸共同体において、後になって初めて再開されることになる。それ故、歴史面から見た問題は次のことである。つまり、イエスは、何故に、自分自身の弟子たちを結束させ、そして、最終的にこの水による行為を行なうことを断念して、ヨハネの洗礼者グループと別れたのか。その時、何が問題となったのか。それ故に重要なのは、言うなれば異教であるヘレニズム世界において、またそれ以上にイスラエルの最も熱心なユダヤ教徒社会において、広く行なわれていた当時の儀礼上の水によるみそぎと比べてその特異性を知り、イエスのこの水による行為の特徴を把握することである。少なくとも紀元後三世紀まで知られている非キリスト教徒洗礼者グループについては言うまでもなく、エッセネ派の人たちもまたこうした水による儀礼を広く用いていただけに、ヨハネはどの程度までこの行為の入門指導者であったのか。

フラティウス・ヨセフスによって九四年ごろに書かれた『ユダヤ古代誌』から取ったひとつのテクストをまず読んでみよう。そのテクストは「洗礼者と言われたヨハネ」を対象としている。このユダヤ人歴史家もまた、その驚くべき行為のためにつけられたこのあだ名を知っているからである。そのテクストは次の通りである。「ヘロデ［アンティパス］はこの者を殺させた。この者は有徳の士であったのに、またこの者は、ユダヤ人たちにお互いに正しくあるように……神に対して敬虔であるよう、そして、洗礼はいくつかの罪の赦しを得るためではなくて、正しい行ないによって魂をあらかじめ清めたあと体を清めるために役立つ場合には神が洗礼を意にかなうと見なすからと言って、一緒に洗礼を受けに行くよう仕向けたのにである。この者のまわりには集まってきた者たちがいた。この者が話すのを聞いて非常に心が動かされたからである。ヘロデは、人を説得するこうした能力が騒乱を引き起こさないかと恐れていた。何らかの混乱が起こらないうちにこの者を捕えるほうがよいと考え……ヨハネはマカイルースの城塞［死海の東北にあった］に送られ、そこで殺された」（XVIII、§一一六〜一一九）。洗礼者の殺害が行なわれたのは、二八年ごろ、イエスの死のわずか二、三年前のことである。見てのとおり、この話は、ヘロディアのそそのかしによるヨハネの斬首というマルコが伝える話（六の一七〜二九）とは明らかに異なっている。ヨセフスは、洗礼者というあだ名を書きとめ、洗礼者の風変わりな洗礼が、単に儀礼次元の罪を消し去るだけでなく、内面から回心すれば人間の深奥に達するものであることを強調する。彼はまた、水による行為を見てヨハネの話を聴き、洗礼を受ける者たちが多数集まって来てヘロデ・アンティパスに民衆の暴動を危惧させ、またそれ故にこの危険に予め備えるようしむけるほどであったとも述べている。一般に、ソフィストたちや道徳教師がヨハネのような成功を得ることはほとんどない。それにしても必要なことは、エリヤの弟子エリシャに倣って行なわれたこの水による行為（王下五の一四）を位置付け、洗礼者の厳しい説教（ルカ三の七〜一四）をきっかけに繰り広げられる預言騒動という背景の中で、この行為が持つ反抗力を推しはかることである。私たちは、紀元七〇年までユダヤに出現する激しい預言者たちあるいは「偽預言者たち」そして「偽メシアたち」（マルコ一三の二二）については、後の第五章で言及することにする。ヘロデは預言という行為の急激な広がりをすでに気にかけていたようだし、それにイエス自身もそこに巻き込まれることになる（ルカ一三の三一以下）。さしあたり、この洗礼行為の特異性に立ち戻ろう。

1　儀礼上の清さのしきたり

儀礼上のみそぎ、あるいは清めの沐浴は、イスラエルにおいて広く行なわれていた。それらには、直接的には精神的な意味合いがあったわけではない。なぜなら、このしきたりを使ってとりわけしなければならなかったことは、境界を教え――たとえば、エルサレムの神殿の至聖所の中庭に踏み入る前のように――世俗世界から聖域へ行く通路、次いで逆にこの世界へ戻る際の通路を開くことであった。聖書のテクストは、祭司たちとレビ人たちの神殿での任務の前後に彼らにまず適用されていたこれらの儀礼上の清さの行為のことを記している（レビ一六の二四～二六、代下四の二～六）。しかしながら、この習慣は、たとえば遺体に触れたあと（レビ二二の四～七）、あるいはまた食事の前、杯、鉢そして銅の器の使用後（マルコ七の四）に行なわれるようにと徐々にイスラエル出身のすべての男子に広がった。すべてが、あるいは殆どすべてが清められねばならず、しかも絶え間なくである。一世紀には、この習慣は、当時広く行きわたっていたひとつの確信が理由で、さらにいっそう普及することになる。つまり、出エジプト記の中の神の言葉「あなたたちは、わたしにとって祭司の王国となる」（一九の六）に従って、イスラエル出身のすべての男子を祭司と見なすべきであるという確信であった。そのために、敬虔なユダヤ人は、それぞれが神殿や会堂へ赴く前に、あるいはただ単に遺体や異教徒に接触していた物や人に触れたあとは、澄んだ水の入ったミクウォトと言われるたらいのような物の中で、こうした清めの行為を各人が行なわなければならない。この種の不純な接触は、不注意によるものも含めて、いつでも起こり得た。

ところで、すべてのユダヤ人、とりわけ「地の民」と呼ばれていた人びとは、こうした数多くの掟に従うことが殆どできなかったので、「正しい人」に言わせれば、彼らはたいていの場合、儀礼上不浄状態にあったことになる。彼らの中でも、肉屋、医者、旅芸人、売春婦、あるいはマルコが語るレビのような徴税人（二の一三〜一七）などの「罪人」と呼ばれた人びとは、つねに儀礼上不浄状態のままであった。そしてそのことは、彼らが職業上、不浄な骨、死者、そして外国人に接触するからである。反対に、ファリサイ派あるいは「分離者」と呼ばれ、儀礼上の清さを守る小集団は、モーセの律法を再現する掟に最大の敬意を払っていた。それほど彼らの完全への理想は大きかったのである。というのも、聖性という語に、この語が当時持っていた分離というコノテーションを持たせて、最も完全な聖性の中で生きることが重要であった。エッセネ派の人びと、とりわけクムランの人びとは、ファリサイ派の人びとよりもさらに戒律が厳しかった。彼らにあっては、エルサレムのフランス考古学院による発掘の際に見出された水浴場で、清めの沐浴が何度も行なわれた。儀礼上の清さに極端にこだわるために、彼らは、とりわけ嫌悪されていた異教徒との接触を避け、その上彼らが服従していることを尊重しないユダヤ人といささかの繋がりさえもなく、いわば彼ら自身に閉じこもることになった。彼らからは、他者すべてが汚れた者と見なされていた。彼らのグループの内部では、儀礼上の清さの程度によって、彼ら自身のあいだでさえ区別が存在していた。このことは、ひとつの宗教的な理想として提示された清さのしきたりが、すみやかに当時の宗教社会をいかに分断するに至ったかを明らかに物語っている。ヨセフスが明言していように、汚れたものとのどんな接触も避けようとして、エルサレムの狭い道でも、人びとは通行人に軽く触れることにも用心するほどになっていた。

2 イエスと水の儀礼

洗礼者ヨハネもまた、水の儀礼を用いていたはずだが、その際彼は、その行為に別の意味を与えていた。イエスのほうは、こうした儀礼上の清さの行為に、多少とも真っ向から立ち向かうことになる。マルコによるなら、彼の態度は極端にさえ見える。「人から（人間の心から）出て来るものこそ、人を汚す」（マルコ七の二〇）のであり、それは何かに触れることや、いわゆる汚れた食物のことではない。それにもかかわらず、清い動物と、豚のように汚れた動物の区別は、聖書に由来している（レビ一一）。とすると、イエスは、モーセの律法に、すなわち神の啓示に逆らうことになるのだろうか。ユダヤ・キリスト教徒である福音書記者マタイは、このような場合により慎重であると見えるが、それでも、この種の慣行に、どれだけイエスが距離を取ることができたかということを改めて書いている（マタイ一五の一〇〜二〇）。イエスはユダヤ人であり、彼の服に房飾りが付いていたことなど（マタイ九の二〇）、ユダヤ人の慣習を受け入れている。彼はファリサイ派の人たちと一緒に食事をすることすらあり（ルカ七の三六）、その場合食事の際の掟を尊重している。そして、一方では、あの儀礼上のみそぎに対する彼の自由奔放さは極端に見える（ルカ一一の三七以下）。イエスは、儀礼上のみそぎを非難しているのではないが、価値が非常に低いものと見なすのである。彼は、より内面的な別の要請の下にいるのである。

歴史面からは、これらの考察は非常に重要である。イエスは、彼の時代の最もすぐれた律法学者や宗教界の人びとを動かしていたレビ的あるいは祭司に関わる清さの理想に逆らうことをためらわない。彼は社会を分断していた以上のような清さの規則に、部分的にであっても従うことを拒む。そして、彼が決然として手をのべるのは、身分の低い人たち、貧しい人びとそして清くない人たち、要するに「地の民」である。彼の望む宗教、すなわち神と人間とのあいだに樹立するべき絆は、誰でも手の届く、より直接的なもの、さもなくば民衆的なものである。知的エリートと宗教界のエリートがひとつになっている彼の時代の特権階級に、イエスが加担することはない。彼は、言葉に上記のコノテーションをつねに含ませながら、自分の宣教の目標を「わたしが来たのは、正しい人を招くためではなく、罪人を招くためである」（マルコ二の一七）と宣言しさえする。後に、こうした儀礼の実践に通じていないギリシア人に向けて書いたルカは、同じ言葉を引き継ぐことになるが、その際、この言葉に倫理的内容を注入している。「わたしが来たのは、正しい人を招くためではなく、罪人を招いて悔い改めさせるためである（ルカ五の三二）。こうして、神との絆、すなわち宗教は、最貧の者にも近付けるものとなっている。それだけではなく、イエスは北の国境の町カファルナウムで、一人の通行税徴収人（収税吏）を、あえて自分の弟子の中に加えることになる。マタイとも呼ばれた税関吏レビ（マルコ二の一四、マタイ九の九）は「罪人」であった。そして、あるグループが汚れるにはただ一人で充分である。このことは、イエスの弟子たちが、汚れない人びととか、ファリサイ派の人たちの集合ではまるでなく、不自然な聖性という理想にも与していなかったことを意味する。

こうしたことすべては、新しい契約を信奉するエッセネ派の偏狭な人びとの場合にさらにいっそうあてはまる。ファリサイ派の人びと以上に、彼らはこうした儀礼上の清さに極端と言えるほど気をつかっていた。そして彼らの眼からは、汚れ堕落した者たちと見えた他のユダヤ人や、エルサレムの祭司たちを激しく非難していた。異教徒に対する彼らの憎しみは激しい。彼らに言わせれば、よそ者は典型的な汚れた者である。反対にイエスはひとつ所にとどまらず、大いに、とりわけ国境地方を歩き回る。彼は罪人たちや、不快な汚れのらい病を患っている人（マルコ一の四〇〜四五）、悪霊に取りつかれた異邦人（マルコ五の一〜二〇）、そしていかがわしい評判の女たち、あるいは儀礼上汚れた女たちとさえ接触している（ルカ七の三七以下、八の四三）。彼と出自を同じくする職人や農民の民衆社会は、儀礼的聖性を追究するあの宗教的エリートの対極にある。エッセネ派の人びとは世を逃れ、クムランや町の周辺で孤絶した生活をしていた。であるから彼らとイエスとのあいだの隔たりは甚だ大きく見える。そもそもエッセネ派は、福音書の中には名前さえ出てこず、クムランを除くと古代ユダヤの書物でもほんのわずかしか名が出て来ない。確かに、イエスとエッセネ派は、預言者エレミアが告げていたように、神と新しい絆を作って（エレ三一の三一）「新しい契約」を結ぶことをそれぞれが訴えている。しかし、その中身の結び方にはいろいろあり、結局のところ、この双方が表現する神の姿は異なっている。しかしながら、イエス復活の後に、エッセネ派からの何らかの影響が、とりわけヨハネ的な共同体に、すなわち福音書記者ヨハネの系統を引いているユダヤ・キリスト教徒共同体に対して、及ぼされることになる。エッセネ派の何人かは、パウロを信奉していたいくつかの教会の中に恐らく連れ戻されたようだ。少なくとも福音書記者ヨハネには、クムランにと同じように、暗闇の力を「光の子」(ヨハネ一二の三六)と対立させる二元論的表現や主題が見られる。後にパウロ書簡の中におさめられるいくつかの要素(二コリ六の一四〜七の一)も、その残響を伝えている可能性がある。それ故、たとえ初めにイエスとこのタイプの宗教とのあいだの隔たりが大きく見えても、初期キリスト教に対するエッセネ派の影響を過小評価してはならない。

イエスとファリサイ人社会との関係は、エッセネ派との関係にくらべてもっと強固である。律法学者たちは、ユダヤ教の会堂を背景にして、民衆との接触にいっそう努めていたし、また彼らは異教徒に対してもより開かれていた。イエスは、「改宗者」づくりにいささか熱心過ぎる彼らを非難さえすることになる(マタイ二三の一五)。しかし、少なくともこの改宗勧誘という言葉の当時の意味をとどめるなら、つまりまやかしな仕方でよそ者を誘う意味ではなく、唯一神信仰を受け入れるよそ者が「自分のところに来るのを待つ」という意味でなら、イエスも同じようなこと、あるいはほとんど同じようなことをすることになる。のみならず、たとえば神の摂理や死者の復活の主題に関する同じ強調など、いくつかの点がイエスとファリサイ派の人たちを結びつける。だからと言ってこのことは、やがてイエスが彼らと対立するのを妨げるものではない（マタイ二三）。しかし、双方の相違を強調する前に、洗礼行為の効力をもっとはっきりさせておくことにする。

3　水の洗礼と聖霊の洗礼

ヨハネとイエスは、クムランからは遠くないヨルダン川のほとりでまず洗礼を授けた。先に言及した根本的な隔たりを越えて、エッセネ派と二人の洗礼者のあいだの何らかの絆をそれでも認めるべきではないか。ただし、ヨハネあるいはイエスをまずは見習としてクムランによく出入りしていた者としたがる人たちのように、ここで想像の世界に浸るわけにはいくまい。テクストの支えが少しもないこの種の憶測は、読者を惑わすのみで、何ら史実を語るものではない。少し史料に学ぼう。というのは、史料はヨハネが広めた水による行為の特別な性質に触れているからである。実際、洗礼者ヨハネは、彼が万人に、それもユダヤ人でなかった兵士にさえも（ルカ三の一四）勧めた水の儀礼と罪の赦しとのあいだに、ある種の絆を創始している。先に読んだように、フラウィウス・ヨセフスが驚きの目ですでにこの点を書きとめていた。全員が、まったく魔術の誘惑に負けたりすることなく、自分を丸ごと救ってもらうことを求めて馳せ参じる。洗礼者ヨハネにおいては、水の中に沈める行為は、神による罪の消去の主題とつながっている。水はこの赦しを目ざし、洗礼の行為は終末の時の救いを呼ぶものである。マタイによれば、ヨハネは「悔い改めよ。天の国は近づいた」と声高に叫ぶ。イエスが同じメッセージを繰り返すことになる（マタイ三の二および四の一七）。確かに、赦しは魔術でもって行なわれるものではない。それには心からの回心が予め必要なのである。マルコは、これらの点を力を込めて強調する。「洗礼者ヨハネが（ヨルダン川の）荒れ野に現われて、罪の赦しを得させるために悔い改めの洗礼を宣べ伝えた」（マルコ一の四）。人びとが馳せ参じ、「罪を告白し、ヨルダン川で彼から洗礼を受けた」（マルコ一の五）。その少し後で、ヨハネは叫ぶ。「わたしは水であなたたちに洗礼を授けたが、その方は聖霊で洗礼をお授けになる」（マルコ一の八）。当時の状況においては、これらの表現のひとつひとつに、殆ど専門用語的な正確な意味がある。それ故、その重みを測ることが必要である。

すでにイスラエルの預言者たちは、まず心に届く内的浄化を意味するのに水のイメージを用いる術を心得ていた。「洗って、清くせよ」（イザ一の一六）。エゼキエルによるなら、神がイスラエルの民に告げて言う。「わたしが清い水をお前たちの上に振りかけるとき、お前たちは清められる」（エゼ三六の二五）。しかしここではこれらは比喩でしかないが、ヨハネとその弟子たちは、いわばその内容を具象化し、神によって承認された実効のある赦しの行為に変えようとするのである。この浸礼の水、あるいはこの「洗礼」の水（洗礼という言葉は、当時むしろ新しい言葉であった）は、神による赦しに、したがって救いに今や密接に結ばれることになる。しかし、このとき、この行為は革命的なものになる。なぜなら、このときまでは、ただ神殿のみが神の赦しを授けるとされていたからである。神殿で捧げられる「罪のための犠牲」あるいはさらにティシュリ（九月〜十月）の月の十日に祝われる贖罪日キップールの罪の告白が神の救いを具体的に与えるものであった。それ故、洗礼者ヨハネが罪の赦しに直接つながる水による行為を始めたとき、この洗礼は、まさにそのこと自体によって神殿の諸行為と競合したのである。そして今や救いは、いく人かの人たち、あるいは儀礼上のいくつかの罪のみにとっておかれるのではもはやなく、万人に広く授けられることになった。その体と魂において人間全体が変えられたと、フラウィウス・ヨセフスは明言している。それ以来、ヨルダン川――それまで清くないと見なされていた川――の流れる水の中でのこの行為は、当時の儀礼上のみそぎと張り合い、凌駕さえしようとしていた。その上、この行為は、契約の民に約束された土地を開くヨシュアの行為を繰り返すものであった（ヨシュ一以下）。イエスは、洗礼者ヨハネのように、ヨルダン川を渡って新しい時代を始めるのである（ヨハネ三の二六）。

その後も、洗礼者ヨハネの弟子たちのうちこのやり方を続けた者たちもいる。イエスを認めながらもヨハネの洗礼を受け続けていた人びとがそうである。そのことは、アポロに関して、「使徒言行録」においても問題になっている（使一八の二四～一九の六）。さらに二世紀にも、ファリサイ派の人びとと論争しているこれらの「暁の洗礼者」のことが、ラビ文学の中に相変わらず記載されている（「トセフタ・ヤタイム」二の二〇〔トセフタは補遺の意〕）。そして現代に至るまで、南部イラクとイランのあいだで、マンダ教〔グノーシス主義の一派〕の教徒の一グループは洗礼者ヨハネの弟子を自称し、彼らが「ヨルダン川」と名付けるユーフラテス川の中で水の洗礼を行ない続けている。彼らもまた、身体的ならびに霊的罪の払拭と水との関係を、とりわけ強調している。

ここで、エッセネ派グループでの論争の核心に戻ることにしよう。契約の偏狭な信奉者たちは、内的回心を伴った儀礼上のみそぎの水と、聖霊そして罪の赦しというこれら三者すべてのあいだにある種の脈絡をつけることをためらわなかった。彼らを律していた「宗規要覧」から二つの抜粋を読んでみよう。「神の真理の中で共同生活を行なうために下った聖性の聖霊によって、彼（エッセネ派の人）はそのすべての罪から清められ、正しく謙虚な霊によって彼の罪は償われ、そして清めの水が振りかけられ、痛悔の水の中で彼が聖化されるとき、神のすべての掟に対する彼の魂の謙遜によって、彼の肉体は清められる」（一QSⅢ、七〜九〔一QSは「宗規要覧」の略号〕）。次いで、「彼は嫌悪すべき偽りのものすべてを取除くため、清めの水のように忍耐強い聖霊をこの者の上にふりかける」（一QSⅣ、二〇）。赤毛の雌牛の灰とヒソプがまぜられた清めの水（民一九の一〜二二）は、心の回心が伴うのを条件にして、ここでは、罪の相応の赦しと関連づけられている。しかし、真の清めを行なうのは、最終的には聖霊であり、クムランではその重要性が大きい。

そこで、クムランとイエスやその弟子たちとのあいだの何らかの関係が問題となる。マルコが洗礼者ヨハネの「わたしは水であなたたちに洗礼を授けたが、その方は聖霊で洗礼をお授けになる」（マルコ一の八）という言葉を伝えているように、おそらく初期のキリスト教共同体の中で、人びとは、ヨハネのような「水による洗礼」と「聖霊による洗礼」とを、ある点では対置しなければならなかった。水が聖霊にいわば対置される。そして両者の調和をはかるまでに時間が必要になる。なぜなら、イエスは洗礼を授けない。それ以上に、聖霊における救い、すなわち神の息吹から直接もたらされる赦し（同一の語が聖霊と息吹を指す）は、それ以降は、ナザレ人イエスのペルソナと働きを通して伝わるからである。イエスは聖霊を威厳をもって受け取る（マルコ一の九～一一）。イエス復活後の共同体は、後になって初めて水による行為の実行を、聖霊の受容と徐々に結びつけて再開することになる（使二の三八、一九の一～六）。それ以前に、イエスは非常にはっきりとわかる仕方で、水による行為を放棄してしまっていた。神による赦しは、したがってまた、救いと神の支配の時の確立は、以後、いかなるものであれ水による行為を通して伝えられるのではなく、彼自身のペルソナを通して伝えられるからである。水はもはや赦さず、イエスが聖霊をいわば独占する。同様に、後にパウロは、水は水としては赦すことはなく、赦すのはひたすら復活者の十字架だけであると宣言することになる（ロマ六の三以下）。水は復活者の聖霊の支配下に移ることになる。

したがって、イエスは、以後、歴史的にも宗教的にも、洗礼者ヨハネから距離を置いたところに位置し、またエッセネ派の人たちからも同様である。ヨルダン川の流れる水と（儀礼で使う）清めの水のあいだに、洗礼者ヨハネの水とイエスの聖霊のあいだに、今やイエスのペルソナと結ばれている聖霊とエッセネ派の儀礼の行為から生じる聖霊のあいだに、それぞれ尊重すべき絆と距離がある。なぜなら、イエス自身がみずからを水の仲介なしの、神の赦しの場と見なしているからである。水の媒介は不要になる。だからと言って、後にユダヤ・キリスト教の諸共同体が洗礼者ヨハネを先駆者、イエスの先触れする人

郵 便 は が き

おそれいりますが切手をおはりください。

101-0052

東京都千代田区神田小川町3-24

白 水 社 行

購読申込書

■ご注文の書籍はご指定の書店にお届けします．なお，直送をご希望の場合は冊数に関係なく送料300円をご負担願います．

書 名	本体価格	部 数

★価格は税抜きです

(ふりがな)

お 名 前 (Tel.)

ご 住 所 (〒)

ご指定書店名（必ずご記入ください） Tel.	取 次	（この欄は小社で記入いたします）

『Q1000　イエス』について	(51000)

■その他小社出版物についてのご意見・ご感想もお書きください。

■あなたのコメントを広告やホームページ等で紹介してもよろしいですか？
1. はい（お名前は掲載しません。紹介させていただいた方には粗品を進呈します）　2. いいえ

ご住所	〒　　電話（　　　）		
（ふりがな） お名前	（　　歳） 1. 男　2. 女		
ご職業または学校名		お求めの書店名	

■この本を何でお知りになりましたか？
1. 新聞広告（朝日・毎日・読売・日経・他〈　　〉）
2. 雑誌広告（雑誌名　　）
3. 書評（新聞または雑誌名　　）　4.《白水社の本棚》を見て
5. 店頭で見て　6. 白水社のホームページを見て　7. その他（　　）

■お買い求めの動機は？
1. 著者・翻訳者に関心があるので　2. タイトルに引かれて　3. 帯の文章を読んで
4. 広告を見て　5. 装丁が良かったので　6. その他（　　）

■出版案内ご入用の方はご希望のものに印をおつけください。
1. 白水社ブックカタログ　2. 新書カタログ　3. 辞典・語学書カタログ
4. パブリッシャーズ・レビュー《白水社の本棚》（新刊案内／1・4・7・10月刊）

※ご記入いただいた個人情報は、ご希望のあった目録などの送付、また今後の本作りの参考にさせていただく以外の目的で使用することはありません。なお書店を指定して書籍を注文された場合は、お名前・ご住所・お電話番号をご指定書店に連絡させていただきます。

と見なす妨げとはならない。これら共同体によるなら、洗礼者ヨハネの行為は、イエスのペルソナと働きにおいて、全うされたところだと言えるほどなのである。なぜなら、神ひとりがなし得ることなのに（マルコ二の七）、イエスは罪を赦すという驚くべき権能を自分のものとしていたからである。イエスのほうからのこうした権威の主張は、洗礼を授ける行為の放棄と関連して、彼のペルソナの謎を露わにする。その上、イエスとエッセネ派の人びととのあいだでは、隔たりはさらにいっそう大きい。エッセネ派とイエスは、聖霊を独占的に自分のものにしているが、それぞれ方向は反対だからである。エッセネ派の人びとのほうは、他者とのすべての接触を拒む清い者たちの共同体の中で、いわば聖霊を付属物化するか、あるいは自分たちのために残しておく。自分たちは救われると断固確信している彼らを自分たちだけの世界にますます閉じこもらせるのが聖霊である。イエスのほうは、弟子たちから聖霊の器と見なされているが、エッセネ派の人びととは対照的に、彼の時代の最も宗教的でない人びとに開かれた救いの働きの範囲内においてである。水と聖霊とのあいだの今しがた言及した緊張が除去されるにはいくらかの時間がかかったことを付言すべきであろうか。ルカにあっては、聖霊降臨のときの聖霊の賜物は水と無縁である（使二の一～一一）。そしてパウロは、聖霊の人であり続け、洗礼について多くは語らない。ローマの信徒への手紙八章も含めてである。

第三章　新しい言葉

群衆がイエスに呈した最も古い呼び名のひとつは、「預言者」という呼び名である（マタイ二一の一一と四六）。この語は、当時の意味に従って、すなわち、神から認められた神の言葉を預る代弁者と理解すべきである。この言葉は、まず未来を対象としているのではなかった。言葉は、神と自分以外の人の前での現在の振る舞いにおいて人間を動かすのであった。アモス、イザヤあるいはエレミヤのようなイスラエルの昔の預言者は、紀元前七世紀、六世紀に、彼らの同時代人に向けられた神の託宣を伝達していた。「主はこう言われる」（アモ一の三、イザ一の二〇、エレ二の三）。預言者は、自分の同時代人の芳しくない、あるいは不正な行為を直接告発していた。しかし、紀元後一世紀においても同じであったのだろうか。

I　新しい言葉の突然の出現

人びとの考えは分かれていた。なかでもサドカイ派の人びとは、預言の時代はもはや過ぎ去ったと宣言していた。ゼカリアとマラキがこの種の言葉の終焉を告げたとされる。フラウィウス・ヨセフスも、その著『アピオーンへの反論』の中で（VIII、§三七～四二）そう考えていた。当時の律法学者も同様であったのは、『エルサレム・タルムード』（「ソタ」論一三の二）の中で読める古い伝承が断言している通りである－「天は今や閉じられている」。そして神はもはや直接人間に語りかけない。したがって、モーセと古代の預言者たちに語られた神の言葉を伝える昔の書き物を注釈することしか残されていない。ところが、一世紀のユダヤ教の多様な状況の中で、天が新たに開いたところであると明言し始める人たちがいた（マタイ三の一六）。神がまた語りかける。洗礼者ヨハネと他の預言者たちが、神の名において、再び語り始めたのである。そして、イエスもあの至高の言葉をみずからの権限で述べながら、よりいっそうと言わないまでも同様に語り始めた。

こうして新しい言葉が溢れ出す現象は、実は、近付く終末の時を早くも明かす黙示文学と呼ばれるものの出現と共に始まっている。紀元前二世紀に編集された『ダニエル書』がそのよい例である。紀元前三～

二世紀の『ヨベル書』や『エノク書』のようないわゆる外典と呼ばれる他の書物もまたこの種の文書に属している。しかしながら、これらの書物は、その時代のある預言者に頼るのではなく、エノク、モーセ、バルクあるいはエズラのような昔の預言者たちの言葉を編集することだけを意図していた。クムランの書き物のほうもまた、神の現実的でしかも規範的な言葉を示しているという確信を表明していた。しかしながら、(宗教上の指導者の意味の)「義の教師」は、たとえ彼が共同体の中で主要な役割を果たしているとしても、「預言者」と呼ばれることは決してない。彼は神の法の正しい注釈者であることのみを主張しているのである。

ところが、洗礼者ヨハネ以降、少なくとも紀元後二七年から七〇年まで、神の言葉が、イスラエルに改めてどっと流れ込むかのように、預言者という呼び名が驚くほど突然再び現われてくることになる。その時、言葉があらゆる方向に急激に広がり、預言者たちが再び姿を現わす。彼らの一方は、昔の預言者エリヤやエリシヤ、洗礼者ヨハネ、そしてある点では、とりわけルカによるイエスのような、どちらかというと脇の路線に位置している。他の預言者たちは、『申命記』が語っていた新しい預言者を任じていた。「わたし(神)は彼らのために……あなた(モーセ)のような預言者を立ててその口にわたしの言葉を授ける」(申一八の一八)。そこで、彼らのそれぞれが、自身をこの新しいモーセよろしく、迫っている時の終わりを明示するかのような「しるしと不思議な業」を行なおうとしていた。イエスもまた彼の弟子たちから、このような者として認められることになる。しかし、イエスは、同じ主張をする他の者たちを前にして、彼らを「偽預言者」と呼ぶのだ。なぜなら、「彼らはしるしや不思議な業を行ない、できれば、選ばれた人たちをも惑わそうとする」(マルコ一三の二二)からである。イエスの見解では、彼らは力ずくで襲う預言者以外の何者でもなく、天の王国を自分たちの利益のためにわが物としようと思い、実際には同時代の人びとを真の神の支配からそらせている(マタイ七の一五、一一の一二)。ところで、ギリシア語の **basileia**、あるいはアラム語の **malkoutha** は、同じ語が二通りに翻訳できる。ひとつは「神の王国」(あるいは神という言葉を口にするのを避けて「天の」)で、多くの場合、政治・メシア的コノテーションがついている。もうひとつは「神の支配」で、世界に対する神の至高の影響力とその差し迫った介入を表明している。いずれにせよ、まもなくそこにやって来るこの支配、いわんや間近なこの王国をイエスが宣言することは、当時の政治的背景からすれば、それ自体として危険であった。カエサルの絶対的体制は言うまでもなく、既成体制を多かれ少なかれ危うくするものであったからである。それでは、この新しい説教家はどのような人物だったのか。どのように、また何について彼は語っていたのか。

1　イエスの言葉

この男は風采があがらない。預言者エリヤのような風変わりな身なりをした洗礼者ヨハネとは異なり、身なりで異彩を放つわけでもなかった(マルコ一の六、王下一の八)。彼は、村人と合流するためにヨルダン川の砂漠を立ち去る。彼は、「ナジル人(びと)」、すなわちぶどう酒や濃い酒を飲まず、人から離れて生活する、神にささげられた人でさえない（ルカ一の一五、民六の二）。洗礼者ヨハネは、当時肉と見なされていなかったいなごで満足していたが、彼のほうは肉を食べている。だから、彼を洗礼者ヨハネに対比するために、彼の敵対者から次の言葉が洩らされる。「見ろ、大食漢で大酒飲みだ。徴税人や罪人の仲間だ」（マタイ一一の一八〜一九）。ここで「大食漢」と言い表わされている語は、実際は「肉をむさぼり食う人」を意味している。この点は大したことでないように見える。だが、イエスは神殿に犠牲の供物を捧げず、「共同供物」の清い肉を食べる礼拝の食事に決して参加していないことが注目されることになる。こうした食事は存在していたのだが、イエスはそれを食べることはない——このことが、神殿と彼とのあいだの隔たりをすでに際だたせている。さらにイエスはぶどう酒を飲む。ところで、この時代、肉とぶどう酒は祭の特別なしるしとなっている。それでは、どのような祭なのか。神殿の外での祭、熟しつつある神の支配の祭、神との別の出会いとなる祭である。

洗礼者ヨハネの言葉が裁く人あるいはそれに近い人の言葉だとすると（マタイ三の七〜一〇）、イエスの言葉は、激しいと言うようなものではないにせよ一歩も譲歩しない説教の厳しさに、優しさが驚くほど合わさったものになっている。見かけ上対照的な語が、通常予想されるのとは異なる結論を導き出すことになるイエスという人物の特徴のひとつをまず指摘し、いくつかの例を取り上げよう。真福八端〔しんぷくはったん。イエスが山上の説教で述べた八つの真の幸福（マタイ五の三〜一〇）〕は言うまでもなく、野の百合や種蒔く人のたとえのようなたとえ話の言葉を知らぬ人はあるまい（マタイ五の三一〜三二、六の

二八、一二の三～九)。これらとは対照的に厳しい呼びかけの言葉が敵対者を襲う(マタイ三の七「蝮の子」、七の六「犬」)。さらには、神殿に逆う彼の言葉や振舞いは容認し難いように見える。それが、宗教界の権威者の怒りを爆発させる。とりわけ、イエスが神殿の両替人や商人に対して鞭を手にする時がそうである(マルコ一一の一五～一九、一三の二)。ところで、犠牲となる獣なしに、またそれら動物を買うために、カエサルの偶像的肖像がついていない貨幣なしに、律法が命じる血の献げ物による神殿での勤めをどのようにして果すのか。神殿の商人や両替人は必要であったのである(肖像付の貨幣については、マルコ一二の一三～一七参照)。さらには、神殿、すなわち神の宿る場の破壊を直接に対象とする彼の言葉は、許し難く思える(マルコ一三)。このような言説をどのようにして正当化できるのか。こうした極端な言動がイエスを十字架にまで至らせる。楽しげ、かつ穏やかな様子でガリラヤの農村や民衆社会に近かった彼の宗教の初期の物腰とは、したがって相当異なってきたように見える。しかしながら、対比を誇張しすぎないようにしよう。初期に神の支配や王国を宣教したときも、政治的に危険だったことが明らかなのだから。二〇年後、別な背景においてのことであることは事実だが、パウロも、このはっきりしないテーマを強調し過ぎることをまた避けることになる。彼はこの神の王国のことをもはや殆ど語らない。

あちこち動き回り、おまけにカリスマ的な品格を持った預言者であるイエスの託宣は、マックス・ウェーバーが言うように、実は、イスラエルの昔の預言者たちの系譜の中に含まれている。しかし、イエスの説教は多くの場合より短く、しかも衝撃的なもので、短い金言が入っている。初期キリスト教説教師が、それらの金言をのちに積み上げて、こんにち「山上の説教」、「たとえでの説教」、「終末論的説教」等々（マタイ五～七、マルコ四と一三）と呼ばれているものをつくり上げることになる。物語の叙述（たとえばマルコ二の一三～一七）の中にはめこまれたこれらの言葉や短い金言は、文学的に簡単明瞭なものである。たとえば、多くの人びとよりも厳しく安息日の戒律を守る人に対して、「安息日は、人のために定められた。人が安息日のためにあるのではない」（マルコ二の二七）――昔の律法学者たちのあいだでは類似の金言が知られている――と攻撃するといった按配である。また、意表を衝くパラドックスの使用も挙げられる。たとえばルカ六章二〇節以下である。「貧しい人びとは、幸いである。神の国はあなたがたのものである。今飢えている人びとは、幸いである……」。そしてルカにあっては、幸いなのはまさに何もかもがない人びとのことなのである。ユートピアは、この語の高尚な意味において、この時極限に達する。このように、一方においては、イエスは、ユダヤ世界に伝えられていた格言を多数繰り返していて、神や隣人に対する愛もその中にある（マルコ一二の二九～三三）。イエスが、この点を強調していることは事実である。しかし、このように強調するのがイエスの特質というわけではない。ヒレルのような他のラビもまた、このことの重要さを指摘していた。他方、イエスの言葉は驚くほど断定的で、自由で、また逆説的であることがわかる。聴衆の逆を衝いて逆説を操ることは、確かにイエスを特徴づけている。「いちばん上になりたい者は、すべての人の僕になりなさい」（マルコ一〇の四四）のような金言を思い出さなければならない。僕すなわち奴隷は当時自由に振舞うことがまったくできない者であるので、この言葉は大胆である。最後に付け加えておくが、こんにちギリシア語で伝えられているこれらの言葉は、下敷きになっているアラム語の当時の口頭伝達の規範に従った、リズムのあるはつらつとした様子をかなりよくとどめている。イエスは、クムランの教養人たちが用いていたヘブライ語ではなく、民衆の言語であるアラム語を話していたからである。福音書の中には、イエスのアラム語のいくつかが残されている。「タリタ、クム」と「エッファタ」である（マルコ五の四一と七の三四）。

2 イエスと神の支配

以上のような短い金言の中でも、イエスの最も重要な説教を強調しておこう。「悔い改めよ。天の（神の）支配（あるいは王国）は近づいた」（マタイ四の一七）。イエスは、彼がメシアであるらしいこの世の王国を知らせる人と自称してはいない。たとえ、十字架に掲げられた罪状書きが、皮肉をこめてこの「ユダヤ人の王」（マタイ二七の三七）をあからさまに危険にさらしていてもである。イエスはこうした王位を拒絶し（マタイ四の八以下、ヨハネ六の一五）、神がこの世界を根源的に支配すべく到来することを公然と告げ、自分自身も言葉や病を癒す行為によってすでにこの支配に関わっている。神の主権の時がイエスとともに不意にやって来る。「御国が来ますように」（マタイ六の一〇）という願いを添えて弟子たちに教えた「主の祈り」の中には同じテーマが見られる。この神の支配は、イエスの行動の中ですでに働いている。イエスの託宣は、神中心的であると同時に目的論的、すなわち神を中心に据え、未来を指向している。というのも、イエスはヘレニズム時代のソフィストではないし、旧約聖書の「箴言」の書をまねた、時を越えた知恵の金言を宣言する賢人ではさらにないからである。彼の視線は、彼が父なる神と名付ける方を見据えていて、彼は未来のほうを向いている。確かに、後に信仰者は、こうした支配の完全な実現を彼のペルソナそのものにおいて強調することになる。ルカ一七章二一節がそのことを「実に、神の国があなたがたのあいだにあるのだ」と述べているように。王国はすでにここにある。そしてイエスは、自分の完全な実現として王国と同一になる。最初からすべてがここにあるようだ。しかし、このテーマを誇張するなら、イエスの歴史上の姿は時の中にもはや位置しなくなるように思われることであろう。彼の最後の再臨（訪問）への期待は姿を消すだろうし、キリスト教信者による進行中の解放の動きはその力を失うだろう。それ故、神の支配の未来に向かって差し出された（ユダヤの）過越祭以前の「歴史上のイエス」と、王国をみずからのペルソナそのものの中へいわば吸い込む「信仰のキリスト」とのあいだの隔たりを尊重することが重要である。彼が在ることとの「すでにここに」は、つねに開かれている未来の「まだない」を消すことはない。

3　イエスの言葉の権威

イエスの自由な語り口は、当時とりわけ重要な二点において人びとを驚かさずにはおかなかった。神との関わりの中で自分を位置付ける仕方と、自分自身の言葉に与える権威の二点である。第一の点については第五章で扱う。紀元一世紀、ユダヤ教は大変な危機に陥っている。というのも、宗教面の権威が誰にあるのかあまり良くは知られていなかったからである。大祭司たちやサドカイ派の人びとがこの権力を握っているという印象を与えていたが、彼らの競争相手は多数いた。これらの有力者たちは、専らモーセの律法（モーセ五書）のみに頼っていて、預言書と聖書の他の書とを、規範的性格を持たない拘束力のない見解に格下げすることもやむを得ないとしていた。ファリサイ派律法学者のほうは、正規の掟は、聖書（モーセ五書と預言書）、並びに「昔の人の言い伝え」にも根ざしたものでなければならない、と考えていた。そうなると、祭司は権力を失い、律法学者を利する事になった。法は今やモーセの文書や伝承によって伝えられて来た情報のファリサイ的解釈から生じなければならなかった。しかしながら、ファリサイ派の人びとは、民衆に強い影響を及ぼしながらも、実際の権力は持っていなかった。彼らがそれを持つことになるのは、とりわけ神殿の崩壊後のことである。エッセネ派の人びとのほうは、モーセの律法、預言書、そして自分たちの共同体の伝承の範囲内で「義の教師」が下す決定に頼っていた。残りすべては一掃されたかのようである。だが、この偏狭な人びとは、確かな影響を及ぼすには、イスラエルの他の人びとから、あまりにも孤立していた。新約聖書には、彼らについての言及さえない。

ところで、このような分裂した状況の中で、イエスは、「昔の人の言い伝え」を越え、また部分的には聖書のいくつかの教えすら越えて、自分の至高の権威を明言する。とにかく、福音書を読むと、イエスが律法に従ってはいるが、完全に従っているわけではないとか、イエスが昔の人の言い伝えを忌避しているが、しかしながらその一部分を受け入れているとか、祭司の権威を低めるが、それでもやはり尊重しているとかいう印象を代わる代わる受ける。いくつかの例を挙げよう。イエスはマルコ福音書七章三〜九節において言い伝えを非難するが、しかし同時に、律法学者たちに向けられた次の辛辣な言葉を見ると、言い伝えを完全に忌避しているわけではない。「あなたたちは、（そのことが聖書によってではなく、言い伝えによって要求されているかのように）薄荷、いのんど、茴香の十分の一は献げるが、律法の中で最も重要なことはないがしろにしている……これこそ行なうべきことである。もとより、十分の一の献げ物もないがしろにしてはならないが」（マタイ二三の二三）。イエスは、「一点一画も消え去ることはない」（マタイ五の一八）律法に従い、その服に房をつけてはいる（マルコ六の五六、民一五の三八〜四一参照）。イエスは十戒に頼る（マルコ一〇の一九、出二〇の一二〜一六参照）。しかし、これら十の掟には、安息日の尊重もまた含まれているのに（出二〇の八）、イエスは容易に乗り越えてしまう（マルコ二の二三以下、三の二以下、ヨハネ五の九〜一八）。彼は、「私は（文字通りには『人の子は』）安息日の主でもある」（マルコ二の二八）と言うところにすら行き着いてしまう。この主張は極端である。すでに創造の時に、安息日を定めたのは神だからである（創二の一〜三）。そしてまた、イエスは祭司たちとは殆ど議論せず、時には彼らに関して皮肉を言い（ルカ一〇の三一）しかも大祭司は、イエスを死に追いやる敵になる（マルコ一五の一以下）。それでもイエスはカイファの権威は認めるのである（マルコ一四の六〇〜六三）――が、アンナやヘロデ・アンティパスの権威は認めない。

こうした言い伝えが部分的に矛盾することは説明がつく。マタイの教会のようなユダヤ・キリスト教の教会や、マルコとルカのようなギリシア・キリスト教の諸共同体にとっては、それぞれ独自に強調したい点があった。多分アンティオキアにあったマタイの教会は、とりわけ、ユダヤ教から改宗したキリスト教徒たちをまとめていて、イスラエルに対する宣教が彼らにとって相変わらず急を要するものであった。それ故、最近のイスラエルとの断絶を強調し過ぎる福音の構成要素は、実際は、この種の宣教に不利であった。ギリシア・ローマ世界に投げ込まれた他の諸教会の場合は、これとは反対のことが起こっている。要するに、それぞれが、司牧と宣教上の要請に応じて、その場合最も適切と思われることを念押しするのである。

しかしながら、イエス自身に関しては、問題を解明できてはいないようである。というのも、ある種の曖昧さが残っているからである。イエスは、一徹と言わないまでも、律法を尊重しているようにも（マタイ五の一八）見えるし、それでいて同時に完全に自由である。彼は、ファリサイ派に近い律法学者に倣って、神の律法に基づく要請を飛び越えることができる（マタイ一二の一～八）。また彼は、神の戒律に優先順位をつけて、その中の最重要のものを見分けることもできる（マルコ一二の二八）。しかし、これらの点のすべてが、ファリサイ派の信徒団の内部ですでに議論の対象になっていて、当時の律法学者の中には、「安息日に穴に落ちた」（マタイ一二の一一）羊を助け出すことをすすめる者たちも存在した。厳格主義者であるエッセネ派の人びとと違って、ファリサイ派の人びとは、神の戒律をその時の状況に順応させることが申し分なくできていた。ヒレル一派と思われるファリサイ派の運動の一翼は、クムランの人びとから「義務緩和を求める者」と非難さえされていた。しかしながら、イエスを特徴づけるのはこうした行動ではない。モーセの律法に対決したり、その上時には反対することですらない（マタイ五の二一〜四二、マルコ一〇の二〜九）。そうではなくて、むしろ、神や人間に対する別の見方のゆえに、モーセの律法が第一規準でなくなるという視点の移行というものなのである。たとえば、イエスが「しかし、わたしは言っておく」（マタイ五の二二、二八、三四、三九、四四）と繰り返してモーセ像を甚だしく相対化しているとしても、イエスは律法に反対しているのではない。実際は、イエスは、新しい言葉の現代性の中で神に彼を結びつける絆を除けば、別な風に、まったく自由な立場に自分を位置付けている。後に、キリスト者の諸共同体は、律法尊重という問題にみずから直面する番になると、自分自身の進むべき道をつけるのに甚だ苦労することになる。それほどナザレ人イエスの言葉と行為は、さまざまに解釈され得たのである。パウロのような人の行動は、エルサレムのヤコブとかマタイのような人の行動とはほとんど逆になる。この二人はイスラエルとの絆を断たないよう気をつけることになるが、パウロのような人たちは、モーセの律法に対して、ある点ではすべての律法に対してさえ、自分たちの自由を主張することになる（一コリ一〇の二三）。

しかし、誰の名において、あるいは何に基づいて、神の啓示そのものを多少とも覆すに至ることがイエスには出来たのか。この問いは、彼自身の素性・アイデンティティについての問いに必然的に行き着く。いったい彼は何者なのか。イエスの役務の冒頭から民衆は、律法学者と彼のあいだに違いがあることを見て取っている。「人びとはその教えに非常に驚いた。律法学者のようにではなく、権威ある者としてお教えになったからである」。そして、「権威ある新しい教えだ」(マルコ一の二二、二七)。モーセの律法と預言者たちの書を注釈すること、あるいはまた、先人が遺した言葉を伝えることだけに専念する律法学者との相違は、確かに歴然としていた。律法博士(当時「ラビ」と言われていた)は、自分の名においてではなく、彼が教えを受けた律法学者の名において語るのである。ところが、イエスはみずからの責任で、完全な権威をもって語っている、厚かましくもこのように自分の考えを表現するとは、一体彼は何者だったのか。

第四章　救いの行為

イエスは奇跡を行なったのか。奇跡を行なう人、病気を治す人、そして祓魔師とイエスを呼ぶことは正しいのか。ある人びとを感嘆させ、また別の人びとをいらだたせるこのような問いが、しばしば出される。ある人びとは奇跡、あるいはテレビのような言葉遣いで言うなら「超自然」が大好きのようである。また、他の人びとにあっては、少なくとも啓蒙の世紀以来、奇跡はもはや通用しない。キリスト教徒の中にもまた、福音書の奇跡の話は理解しにくいと思っている人たちがいる。そして、こうした話が福音書の中で大きな場所を占めているにもかかわらず、彼らは奇跡についてあまり話題にしたがらない。すべてを考え合わせると、われわれ現代人は、ヘレニズム時代の人びとと似ている。彼らもまた、エピタウロス〔治癒を求めて病人が集まったペロポネソス半島東部の都市〕その他のような癒しの土地に不可思議なことが深く広まっているというギリシアやオリエントの伝承中に伝わる数多くの驚くべき出来事に関して見解が分れていた。トゥキディデス、ポリュビオス、あるいはプルタルコスのような古代の歴史家は、異常なことを前にして、ためらいを示すか、あるいはそれ以上である。ポリュビオス〔紀元前三世紀〕

は明言さえしている。「冷静な人にとって思いもよらないだけでなく、まったくあり得ないことについて、このように力説するのは、途方もない愚かさを示しているように私には思われる……神々に対する民衆の信心を持続させることに貢献しているものの話である……」(『歴史』XVI、一二)。ユダヤ人の歴史家のフラウィウス・ヨセフスのほうは、紀元後一世紀終わりに、聖書に記載されている驚くべき出来事を認めるが、しかし、そこにはいくらか、いわゆる自然現象的な説明を見出しているようである。たとえば、出エジプト記一四章に語られているヘブライ人は、大旱魃のあとで紅海を渡ったようだと言うのである。当時の科学で、紅海を渡るということの異常なことを認めるのはすでに難しかったのである。だが、アレクサンドリアのフィロン(紀元前一九年〜紀元後四〇年)はより信心深い。「本当に異様で、あらゆる予期に反したこれらのことも、神にとっては遊びごとである」(『モーセの生涯』I、§二一〇)。神にあってはすべては可能である。このことは、このユダヤ人哲学者がそのことの深い意味を追求することを妨げるものではない。なぜなら、異常なことそのものは何の意味も持っていないからである。

しかしながら、これらの知的なタイプのためらいは、民衆の世界や、富裕層の中の時代の感情を伝えてはいない。救いを求める激しい渇望がいたる所に沸き起こっていたのである。E・バンヴェニストの後を受けて、ギリシア語の *sôtéria*(救い)という語が、根源的には肉体の健康を意味していることを思い起こそう。この当時、アスクレピオス[ギリシア神話に登場する名医]や、病気を治す他の神々によって奇跡を起こしてもらうために、デルフォイからエピダウロスへ、ペルガモへ、また、他の所へ行った巡礼者の数は多かった。ユダヤ教が広く浸透しているこの世界では、イエスによる奇跡の存在自体を問うのは、文化的背景を考慮しなければならないことはわかる。奇跡はきっぱりと否認しなければならないのだろうか。因みに、一見如何に意外に思えるとしても、新約聖書に関する、言うなればあらゆる立場の歴史家がたいていの場合認めているのは、イエスが、自分自身病気を治す人や祓魔師と自称したこと、あるいは少なくともイエスを取り巻く者は彼をそのように見ていたことである。フラウィウス・ヨセフスの言葉をまた思い出そう。「さてこのころ、イエスという賢人が現われた……彼は奇跡を行なう者であり……」(『ユダヤ古代誌』XVIII、§六三以下)。聖書に従ってこうした奇跡に関わる行為に与えるべき意味をはっきりさせて、史料をさらに深く検討することにする。その後、イエスの救済行動を述べるために当時用いられた言語の類型をはっきりさせることができるはずである。

I　聖書が語る奇跡

こんにち言うところの奇跡は、自然の法則に抵触あるいは反して成し遂げられた、超自然的と呼ばれる並外れた出来事のことである。しかるに、奇跡を表わす以下のような表現のほとんどすべてが、古代人、そしてとくにユダヤ人を驚かせたようである。「奇跡」という語はラテン語の *miraculum* から来ていて、その語基は、驚かされること、あるいは、びっくり仰天させられることを意味している。聖書の中では、この語は、神の「力ある業」（申三の二四）や「くすしき御業」（出一五の一一）のような別の言い方と共に用いられている。「しるしと奇跡」という連辞は、神が危険のさ中にあるその民を、とりわけエジプトからの脱出の際に、どのようにして導くのかを言おうとしている。たとえば、申命記三四章一〇〜一二節において、預言者モーセ像との関連で、「イスラエルには、再びモーセのような預言者は現われなかった。主が……彼を遣して……あらゆるしるしと奇跡を行なわせるため……」。「モーセのような預言者」という連辞そのものは、申命記一八章一五節、一八節に依拠している。後にこれが「来るべき預言者」、すなわちこれからの預言者を指し示すために活用される（マタイ一一の三）。それ故にイエスは、紀元一世紀の文化的背景の中では、自分もこうした型のしるしと奇跡を行なって、初めて真正の預言者として認められるしかないであろう。彼は出エジプト記一四章と一六章の物語に呼応して、モーセのように、あらためて紅海を手なずけ、新しいマナを分配して、水とパンに関わる奇跡を成し遂げなければならないことになる。後に、ルカの「使徒言行録」によるなら、キリスト者共同体は、イエスの救いの業が続くことを祈りの中で神に次のように願うことになる。「（神よ）、どうか御手を伸ばし聖なる僕イエスの名によって、病気がいやされ、しるしと不思議な業が行なわれるようにして下さい」（使四の三〇）。イエスはモーセの後継者である。そして、イエスの救いの行動は、つねにその時々の状況に合ったものである。

「不思議な業」という語には、こんにちでは、昔にはなかった軽蔑的なコノテーションがある。しかしながら、しばしばこの語に並置される「しるし」という語は、不思議な業と認められた行為、すなわちしるしを行なう行為、神が自分の民にしるしを行なうための行為の深い意味を強調するよう促す。異常なことそのものはあまり重要でなく、何よりもこうした救いの行為に与えられた意味が重要である。不思議な業は、それ自体には何の意味もない。それが、より深く、また高いある現実の痕跡と見なされる時に初めて興味をひくものとなる。ところで、福音書記者ヨハネは、その物語の中で、「しるし」という語しか用いず（ヨハネ二の一一、カナで）、奇跡という語は決して用いない。このことは、ヘレニズム世界が当時面白がっていた驚くべきことのひけらかしに直面して、キリスト教徒が言葉をすでにある程度精選していたことを示している。聖書の登場人物にとっては、神のすべての行動は、最も取るに足らないものでさえも、もともとの起源を考慮すれば、奇跡に分類し得ることは事実である。雨や雷鳴もそこに含まれる。創造がつねに構想の過程にあるという視野に立てば、すべてがある意味では奇跡である。なぜなら、信仰者は、神が過去に世界を創造したということだけでなくて、現在世界を創造しており、またつねに世界を導いていると断言するからである。ある意味では、神のこのような日々の行為は、一瞬の不思議な業にさえ勝っている。要するに、現在われわれが自然と呼ぶ事柄は、神の力強い働きにも属しているし、神の意図をよりよく示すための日常から逸脱する行為にも同様に属しているのである。

旧約聖書の中では、とりわけエジプトからの脱出の時のこと、つまり紅海の横断と、それに続く天から降ったパン（出一三〜一四、一六章）のことを除けば、奇跡は殆ど問題になっていない。イメージと象徴に満ちたセム語的言葉遣いにおいて、これらの物語は、モーセ指揮下の選ばれた民の基礎を確立するために、神自身がどれほど歴史の流れに身を投じたかを示そうとしている。ここにあるのは、言うなれば基礎確立の奇跡であって、新しい企てが、いかに神の救いの計画の下にあるかを示している。これ以外では、預言者エリヤとエリシャの行為を伝える物語の中を除き、奇跡が語られることは殆どない。このエリヤとエリシャの物語は、サレプタのやもめ（王上一七）やエリシャが癒した異邦人のらい病者のシリア人ナアマン（王下五）のような、日常の悲惨に打ちひしがれた最も気の毒な人びとへの気配りを神は心得ていることを思い出させる。その後は、いくつかの例外（たとえばヨシュア記、一〇章一二〜一三節。ここでは敵に対してヨシュアを勝利させるために、太陽が運行を止めるのだ！）を除けば、もはや奇跡について語られることは殆どない。あたかもそれは、時でもない時に異常なことに頼ることなく、イスラエルの預言者たちを通して伝えられた神の言葉があれば、以後の宗教生活の必要には応えられるかのようにである。

1　イエスと聖書の奇跡

聖書の言葉遣いは、新約聖書に網のように張り巡らされている。そして、イエスの救いの行為は、神の計画に従って新しい現実が当時の言葉遣いの中に存在していることを示すための基礎確立の奇跡として現われる。あるいはまた、新しいモーセになろうとする行為として現われる。モーセと同じく、イエスは水を制御し、新たなパンを与える（マルコ六の三〇～五二および他の共観福音書の平行箇所、ヨハネ六の一～一五、一六～二一）。新しい共同体がイエスのペルソナに基づいて作られるのである。われわれは、ここで共観福音書のみならず四人の福音書記者全員が繰り返しているすぐれた物語体シークエンスであるパンと水のシークエンスに従って、非常に古いユダヤ・キリスト教的伝承のひとつに行き着く。これら二つの基本的な行為――パンを分け与えることと、水の力を鎮めること――は、厳密に言えば、病気を治す物語のような奇跡ではない。これらは、イエスを預言者モーセと同一視するという別の文学のジャンルに属している。いや、イエスはモーセよりもさらに偉大な者にされる。というのは、聖書によれば、マナを送り、悪の力を制御するのは神だからだ。ただし、恐らく別のキリスト教徒の集まりでは、イエスの別の行為が、古代の預言者エリヤやエリシャの奇跡に類似のものと受け取られることになる。そのイエスの行為は、最も貧しい者や病人に対する神や神の子キリストの慈愛をその時示そうとしているのである。この類の小さな奇跡は、イエスの救いの行動のおかげで、こんにち日常生活にまで、神による救いがどれほど伝わっているかを明らかにしている。イエスは、預言者イザヤの言葉を繰り返してそのことを明言する。「主の霊がわたしの上におられる。貧しい人に福音を告げ知らせるために……捕らわれている人に解放を、目の見えない人に視力の回復を告げ、圧迫されている人を自由にし」（ルカ四の一八）。この種の奇跡物語は、したがって福音書にたくさんあって、日々の救いという働きを表わしている。「使徒言行録」の中にも、すでにギリシア化したユダヤ・キリスト教的大衆社会の中で、多数の奇跡物語が見出される。反対に、教養ある階級出身の神学者パウロは、奇跡物語は、まったくあるいは殆ど語っていない。かつてのイスラエルの預言者たちにとってと同様、パウロにとっても、今や救いをもたらすのは神の言葉であり、すなわち復活した方による良き知らせであり、不可思議の領域の山ほどの行為ではもはやない。実のところ、初期のキリスト教伝承によれば、たとえ過越祭の出来事が新しい信仰告白への道を開き、キリストによる解放と救いの活動の継承を信仰者に促すとしても、イエスの復活が厳密に言って奇跡として示されることは決してない。

旧約新約二つの聖書の中の奇跡を語る言葉遣いに関してひとつ指摘を付け加えよう。古代人は、現代のエコロジストと同様、人間を取り巻く宇宙から人間を切り離すことを拒んでいる。人間と宇宙は一体であり、一方に届くものは、もう一方にも達する。それゆえ、聖書の言葉遣いにおいては、イエスの行為は惨さの中にある人間に届き、また、自然の諸要素にも達する。イエスは、砂漠に集まった群衆に食物を与え、当時悪魔の居場所と見なされていた水を制御する。パウロが「ローマの信徒への手紙」八章二二〜二三節で宣言しているように、人間の救いは、宇宙全体の解放を伴っている。

2　イエスの救済行動

福音書記者マルコは、四福音書に記載された二七の奇跡の物語のうちの一四を伝えている。この数は相対的に多く、福音書の中でのこの主題の重要さを示している。ルカによれば、イエスの死後、エマオに向かう二人の弟子は、途中で出会った一人の見知らぬ人に、ナザレ人イエスのことで、彼らの失望を打ち明ける。しかしながら、二人はナザレ人イエスを、「神と民全体の前で、行ないにも言葉にも力のある預言者」（ルカ二四の一九）と見なしていたのだ。なぜなら、イエスは行動し、かつ語っていたからである。彼は差し迫った神の支配の到来を告げ、最も恵まれない人びとの肉体の中にこの救いをすでに刻み込んでいた。

こうした物語は、さまざまな形をとる。病者の癒しの際の彼の救済行動を浮き彫りにする行為を思い出させるものでもありうる。また、モーセやエリヤの人物像に照らし合わせて明らかにされた彼のアイデンティティを宣言しようとする行為でもありうる。モーセやエリヤのように、そして彼ら二人以上に、イエスは預言者なのである。最後に、叙述すべき明確な出来事よりも、浮き彫りにすべき考えのほうをはるかによく示している物語もありうる。その物語は、イメージや色彩に富んだ言葉遣いで流暢に語られている。この最後の型の物語の例をいくつか挙げることにする。マタイ四章一〜一一節とルカ四章一〜一三節が伝えるイエスに対する荒れ野での三回の誘惑の物語によると、悪魔はイエスを神殿の屋根の棟の上に、次いで高い山に連れて行った。試練におびやかされる度ごとに、イエスは、神が書いたものに頼る。彼は自分自身のために不思議な業を行なうことを拒むのだ。彼は、満腹するために石をパンに変えることを拒む。したがって、彼は、一切の権力を自分の手中にしている人間となることを拒む。彼はこの世の国々を拒み、死から免れるために神の手に無理強いすることを望まない。これら三つの誘惑（アラム語では、誘惑と試練を示すのに同じ語が用いられる）は、福音書の物語の最初から、実は、何がイエスによる奇跡とはならないかを述べている。したがって、彼の癒しの行為は、神の手も、人びとの手も強制することはない。すなわち、形も美しく、イメージや色彩に富んだセム語の世界の言葉遣いで流暢に語られているこれらの試練には、驚異的なところはまったくない。これらの物語は奇跡に属していないのである。だからと言って歴史を語っていないわけでもない。権力への誘惑が、如何にイエスの生涯をよぎったかが、セム語的筆致で、これらの物語によって明言されているからである。ヘブライ人への手紙の著者が述べているように、「彼はあらゆる点において、試練に遭われた」が、だからと言って罪を犯されることはなかった（ヘブ四の一五）。驚異を扱っているこの種の言葉遣いの別の例を挙げることができるだろう。たとえば、枯れたいちじくの木の、これは物語というよりはむしろたとえ話（マルコ一一の一二以下、二〇以下。およびルカ二一の二九以下）である。魚の口の中に見つかる例の銀貨の話は言うまでもない（マタイ一七の二四〜二七）。すぐわかるように、この種の物語は、表現の仕方においては、驚異物語に属すが、厳密に言えば奇跡のことではない。

　イエスのはかり知れないアイデンティティを語ることを主眼とする物語の場合も、また注目に値する。人里離れた所にいるイエスの許へ駆けつけた群衆にたくさんのパンを授ける物語を再び取り上げよう。あるいはまた、彼が湖の上を歩いて、水に対するその支配力を顕示する物語を思い出そう（マルコ六の三〇～五二)。これらの行為をするイエスは、預言者モーセとまったく同じであるとされる。いや、モーセよりはるかに偉大な者とさえされる。なぜなら、荒れ野の中のシナイへの道中マナを与えたのは、モーセではなく神である。また、ヘブライ人が波のあいだを歩くために、海を二つに分けたのは、モーセの杖を通してこれまた神である(出一四の一五以下。および一六の一以下)。ここでもまた、歴史の言葉遣いと象徴の言葉遣いが分け難く混じり合っているので、現代の読者にとっては、このことがどのように行なわれたかを知ることはあまり問題ではなく、問題となるのは、このことが何を意味しているかということを知ることなのである。キリスト教信仰によれば、イエスは、最後の晩餐において弟子たちにパンを与え、今も与え続けている者なのである。イエスは、セム的想像力が産み出したものによれば、底知れぬ水がそのしるしであった悪のすべての力を支配する者である。この種の行為は、何よりもまず象徴的であって、実際、歴史家のメスでは切り取れない。なぜなら、歴史家は、それらの行為を先験的に否定することも、また歴史的にその輪郭を示すことも、ともに出来ないからである。したがって、これらの物語を読む際には、どのようにしてそれが行なわれたのかを正確に知ろうとするあまり、事実のみの表面的な記述に目を奪われてわれわれの好み通りの形にされた「別の歴史」に改ざんする危険を冒すことのないようにしなければならない。まさにこの点で、現代の聖書注解者は、二重の罠を回避している。ひとつは、合理主義的と言われる読み方が陥る罠で、そこでは物語が、その真の意味が察知されることさえなく、あり得ぬこととして捨てられる。もうひとつは、原理主義的と言われる読み方が陥る罠で、そこでは物語の物理的な史実性を気にする余り、物語の持つ象徴的働きを忘れるに至る。これら二つの場合、当時通用していた言葉遣いの型に無知で、またこれらのテクストの働きを忘れている。

癒しと祓魔についての他の多くの物語に対しては、より精密な歴史研究を行なうことができる。それらの文章構造は単純で、また、その意味もはっきりしている。シモン・ペトロのしゅうとめ、あるいは重い皮膚病を患っている人の癒しの例を取ろう。癒すには、ひとつのしぐさ、あるいはただのひとことで充分である。「よろしい。清くなれ」（マルコ一の二九〜三一、四一）。時として、その行為は、当時のユダヤの魔術師のように驚くべきもので、たとえばヨハネ福音書九章六節には、吐かれた唾で土をこねて目に塗るとある。マルコ七章三一〜三七節、および八章二二〜二六節（耳が聞こえず舌の回らない人と、盲人の癒し）の物語は、さらに常軌を逸したものに映る。しかしルカは、マルコを書き直す際、自分のギリシア人読者に、これらの物語を伝えないようにしている。

祓魔についての物語の構造はより複雑で、専門的表現やユダヤやヘレニズム時代の祓魔の物語において当時としてあたり前だった一連の手順を含んでいる。一方では、癒すことが問題であり、他方では、当時悪いという意味で汚れたと言われていた霊と同じものであった悪を遠ざけることが問題になる（マルコ一の二三、二六以下）。これらの慣行は、もちろん民衆の世界、イエスの世界のものであって、ファリサイ派あるいはエッセネ派の教養ある集団のレベルのものではない。クムランには奇跡はなかったのだ！　そもそもイエスが宗教的に直観していたことのひとつは、彼の時代の最も蔑まれた人びとが誰でも近付ける宗教において、何よりもまず下層民や貧者のもとに行くことではなかったか。イエスの言葉遣いも行動も、こんにちでは異様に見える彼の信条や実践を伴なって、この民衆社会に直に深く入り込んでいる。

それでは、イエスは、このような驚くべき行為を行なう者として、どのように位置付けられていたのか。答えは複数であり殆ど相反している。身体面の病人か、心身両面の病人かは問わず、ともかくそうした病人に対する慈愛の行為なのだとまず言えるだろう。この見方はそれなりの価値があって、福音書記者ルカによって、ギリシアの読者に対して強調されている。もうひとつ考えられるのは、当時のいわゆる「それ以外ではあり得ないという必然性」の圧力による宿命信仰のあらゆる形を前もって忌避するような行為という見方である。なぜなら、神による愛の計画は、このようないわゆる「運命」を凌駕しているからである。神は病と死による限界を越えているので、生が最後に勝つことになる。したがって、これはある点では、当時人間を人間自身の限界に閉じ込めていたつもりの天体その他の支配力に対する抗議行為ということになるであろう。イエスは、「神の指で」(ルカ一一の二〇)このような偽りの支配力を追い出し、生を取り戻させる。同様に、こうした救いの行為を援用して、イエスは、安息日に癒しの働きを行なうことで、安息日は休息すべしという掟を厳しく守らせ過ぎることに抗議する(マルコ三の四、ヨハネ五の九以下、一六)。奇跡は、こうした場合、抗議行為となる。しかし、このような行動の主要な動機は、イエス自身の言葉の中に表わされている。イエスの行為は、すぐそこにある神の国を「行動において」顕在化しているかのようである。「わたしが神の霊で悪霊を追い出しているのであれば、神の国はあなたたちのところに来ているのだ」（マルコ一二の一八）。したがって、イエスは、神の国の差し迫った到来を告げただけでなく（マタイ四の一七）、すでに彼はそれを具体的に実施していたのである。奇跡は、驚異を見せびらかすのとはまったく逆に、他人のための解放の行為となる。しかし、ヘロデ・アンティパスはそれ以上を望んでいた（ルカ二三の八）。そのことが、これらの行為の両義性を示している。

3　奇跡行為の両義性

聖書の中で申命記が、すでにこの点に注意を促していた。「預言者や夢占いをする者があなたたちの中に現われ、しるしや奇跡を示して、そのしるしや奇跡が言ったとおり実現したとき、『あなたの知らなかった他の神々に従い、これに仕えようではないか』と誘われても、その預言者の言葉に耳を貸してはならない」（申一三の二～一六）。したがって、重要なのは、このような不思議な業があるか無いかということではなくて、それらの業の意味である。それらの業が偶像崇拝に向かうのであれば、無効だからである。イエスもまた、このような不可思議の魅力とは縁を切れるはずである。あるいは、より正確に言えば、彼はこの種のしるしを受け入れもし、同時に拒否もする。なぜなら、このようなしるしは、一面では、彼の救済活動の中で、彼が誰であるかを人びとに分からせるからであり、他面では、いかがわしいことに変わりはないからである。一方でイエスは、神の真の預言者だと名乗る。牢の中から人をやって洗礼者ヨハネは、イエスに尋ねさせる。「来るべき方は、あなたでしょうか。それとも、ほかの方を待たなければなりませんか。」イエスはお答えになる。「行って、見聞きしていることをヨハネに伝えなさい。目の見えない人は見え、足の不自由な人は歩き、死者は生き返り、貧しい人は福音を告げ知らされている」（マタイ一一の二〜五）。他方でイエスは、癒しの行為が信仰をもたらしはしないことを重々承知している。ラザロについてのたとえ話の中で、陰府に落ちた悪い金持が、まだ存命中の自分の兄弟たちに使者を遣わすよう神に願うが、イエスは付け加えて言った。「もし、モーセと預言者に耳を傾けないなら、たとえ死者の中から生き返る者があっても、その言うことを聞き入れはしないだろう」（ルカ一六の三一〔ルカでは、願われたり、付け加えて言ったりするのはアブラハム〕）。イエスの救済活動においてとくに選ばれた場所であるカファルナウムとベトサイダが、結局は彼を拒絶した（マタイ一一の二〇〜二四）。さらに加えて、奇跡は人を欺く場合がある。「偽メシアや偽預言者が現われて、しるしや不思議な業を行ない、できれば、選ばれた人たちを惑わそうとするからである」（マルコ一三の二二）。

そこでわかるのは、イエスが、何人かの律法学者たちの要求にもかかわらず、この種のしるしを行なうことを拒否する理由である。「イエスはお答えになった。よこしまで神に背いた時代の者たちはしるしを欲しがるが、預言者ヨナのしるしのほかには、しるしは与えられない。」ヨナは、民話の中の、波に呑み込まれたあの預言者のことである（マタイ一二の三九）。福音書記者たちの見るところでは、イエスは、実際は、自分自身の死を矛盾のしるしとしている。そこで、自分を信じるよう他者を強いて自分の権威をもっと認めさせるために、いわゆる力の行為を用いることは、逆説的であろうというので拒否するのだとわかるのである。イエスはナザレで奇跡を行なうことを拒否する。故郷の人びとは彼を信じていないからである（マルコ六の六）。少なくともヨハネの伝承によれば、イエスは、何らかの奇跡のような信じやすくする支えなどない信仰を故郷の人びとに要求することまでしている。「あなたがたは、しるしや不思議な業を見なければ、信じないのか」（ヨハネ四の四八）。受難の際、彼を道化の王として示そうとするガリラヤの王ヘロデ・アンティパスを前にして、「イエスが何か奇跡を行なうのを見たいと望んでいた」（ルカ二三の八）この人に答えることをイエスは拒む。そして、律法学者たちが、「今すぐ十字架から降りるがいい。それを見たら信じてやろう」（マルコ一五の三一〜三二）と叫んでいるのに、彼は十字架上で死ぬことになる。見ての通り、当時の状況において、奇跡は、イエスの預言者としてのアイデンティティをはっきり示すための必要な手段であったが、また危険な道具でもあった。こうした行為は、イエスを一人の超人と名指して、驚異による幻惑へと逸脱するおそれがあった。このようなことこそ、イエスが神との親子としての絆を断言することによって、まったく拒絶していたことであった。

反面、イエスは、彼の同時代人と同じように、病と罪のあいだに、また、現実の病と罪によって悪化する精神状態のあいだにつながりを認めていた。罪は、自分自身と、世界と、他人とそして神と、自分自身との関係に断絶をもたらす。カファルナウムの中風の人に関するマルコ二章一〜一二節の物語の中では、病人の癒しは、罪の赦しの主題と一部分はつながっている。しかし、同時にイエスは、このつながりを見直す。イエス自身の弟子たちが、生まれつきの盲人のことで彼に尋ねる。「『ラビ、この人が生まれつき目が見えないのは、だれが罪を犯したからですか。本人ですか。それとも、両親ですか』。イエスはお答えになった。『本人が罪を犯したからでも、両親が罪を犯したからでもない』」（ヨハネ九の二〜三）。現代の言葉遣いならば、イエスが病気を宗教から分離していると言うところであろう——そのことが、イエスを彼の時代の他の人びととはっきりと区別している。

マルコにより伝えられた出来事を誇張気味に描く傾向も、福音書記者マタイととりわけルカに認めなければならないかもしれない。彼らは、いわば挟み打ちにされていた。至高の力を持ったイエスを賛美したいという望みと、神の不思議な業の介入もなくイエスが甘受した死の現実とのあいだにおいてである。にもかかわらず、当時用いられていた言葉遣いが多様であり、また伝承の誇張もあったとしても、イエスがみずからの解放の言葉と一致する救いの活動の中で、癒しを行なう者として姿を現わしたということを、福音書の物語ははっきり証言している。初期の信者たちは、キリスト教の解放行動を種々の様相において正当なものとするために、イエスを盛り立てることをやめなかった。それにしても、このように話したり、行動しているイエスとはいったい何者だったのか。

第五章　イエスのアイデンティティを求めて

「その途中、弟子たちに、『人びとは、わたしのことを何者だと言っているか』と言われた。弟子たちは言った。『洗礼者ヨハネだ』と言っています。ほかに、『エリヤだ』と言う人も、『預言者の一人だ』と言う人もいます。そこでイエスはお尋ねになった。『それでは、あなたがたはわたしを何者だと言うのか』。ペトロが答えた。『あなたは、メシアです』。するとイエスは、御自分のことをだれにも話さないようにと弟子たちを戒められた」（マルコ八の二七～三〇）。あたかも、イエス自身は自分のアイデンティティを明言せず、他の者がそれを言うように仕向け、次いでいったんこのアイデンティティが述べられると、彼はそれをある点では正当なものとは認めないかのように、すべてが展開している。歴史家は、この慎みを尊重しなければならない。歴史家自身の学問分野の領域において、彼は、イエスに付与されている称号の神学的信憑性を保証したり、ましてや彼の神性を証明したりする必要はない。歴史家にできることは、いろいろなキリスト者共同体のこれらの称号の用い方を調べ、その変遷を辿ってから、ナザレ人イエスの姿を慎重に示すことに限られる。イエスが自分をどう理解していたかを明らかにするために、彼の意識の深層において、歴史家がイエスに取って代わる必要はない。しかし、歴史家が多少ともできることがある。すなわち、イエスを信じた共同体のプリズムを通してイエスを認め、それに伴い彼のアイデンティティを知るのにとりわけ手がかりになるように思える驚くべき特徴をいくつか浮き彫りにすることである。それはさておき、イエスを信じる人の結論は、不可知論者の結論とは、当然異なったものとなる。だからと言って、不可知論が史実性の保証となる訳ではないし、逆もまた同じである。歴史家は、みずからの確信に対して、方法論的に距離を保たねばならない。こうした批判的距離がなければ、言い換えれば、自分の関心の対象に対していくらかユーモアを持たなければ、歴史を綴ることはできない。

この分野に関する数多くの専門家に味方してただちに言ってしまおう。イエスは、間接的なやり方以外では、また、彼が驚くほど頻繁に用いている「子」という語を除けば、自分自身に対して、ほとんど称号を付与しなかった。言い換えれば、彼は、その表明が微妙な差異を生むことになっても、むしろ他人に自分が誰かを言わせておくのである。彼は、激しい預言者たちがみずからに付与していたいわばメシア的アイデンティティを時には拒絶することさえあるが、それでもなお「ナザレのイエス、ユダヤ人の王」(ヨハネ一九の一九)という罪状書きの下で処刑されるに至った。

信仰告白として組み立てられた福音書の枠内では、人びとは、多分一度ならず、イエス自身が直接正体を現わしている気がするだろう。この点に関しては、マルコとマタイの比較が興味深い。マタイによれば、ペトロは、「あなたはメシア、生ける神の子です」と、はっきり断言する。そして、イエスは、自分のアイデンティティについてのこのような認知が、人間による確信からではなく、神から直接来ていることをペトロに念を押しつつ、この発言を承認する（マタイ一六の一六〜一七）。ところがマルコによれば、本章冒頭で読んだ物語で、イエスはメシアと同定されたことに厳しい反応を示し、同時に、当時のメシア・イデオロギーが主張していたことと反対のことを付け加える。「人の子は排斥されて殺される」（マルコ八の三一〜三三）。文学的かつ歴史的批評は一般にマルコの物語のほうに軍配を上げている。イエスは、メシアという呼び名と、彼に対する神の計画の現実とのあいだに明らかにある距離を置いている。マルコの記述は、メシアという称号がイエスから強く同意されているマタイの記述（マタイ一六の一六〜一七）よりも信憑度が高いように見える。なぜなら、紀元八〇年代、マタイのユダヤ・キリスト教会は、イスラエルを優先的に宣教するという理由で、このメシアという称号をあからさまに強調したからである。

しかし、カイファの面前へのイエスの出頭の場合では、状況は逆になる。人びとがイエスに与えたがっているような称号に距離を置くイエスをマタイが描き出す時、現場の状況をよりよく反映しているように思われるのは、今度はマタイである。マルコにあっては、「お前はほむべき方の子、メシアなのか」とイエスに尋ねる大祭司を前にして、彼は「そうです」と答える（マルコ一四の六二）。それほどまでにメシアであり、とりわけ子であるというこのアイデンティティの宣言がマルコ福音書の核心なのである（マルコ一の一と一一および九の七参照）。マタイによれば、イエスはカイファに、「それは、あなたが言ったことです」（マタイ二六の六四）と言うだけである。「そう言うのはあなたであって、私ではない」と言うのがその意味である。後にイエスは、ピラトを前にして、見たところ一見曖昧な同じ答を述べることになる。「『お前がユダヤ人の王なのか』イエスは、『それは、あなたが言っていることです』と答えられた」（マルコ一五の二）。後になって、イエスに関するキリスト教の考察、すなわちキリスト論は初期の共同体がイエスに与えている盛りだくさんな、時には相互にいささか矛盾してもいる称号を調整することに努めることになる。どんな称号も、イエスのアイデンティティ、あるいは彼の務めを表わすのにぴったり合うことはないかのようにイエスがこうした場合に明らかにためらいを見せるのも、キリスト論はまた注目する。ヨハネ福音書の最後の編集者が、「神の言（ことば）」のペルソナの中に、ギリシアのイコンのような美しくわかりやすいキリストについて膨大な黙想をまとめるまでには、まだいささかの時間が必要だった（ヨハネ一）。

これらすべての称号が、多かれ少なかれ復活の光に照らされているのであるからには、イエスの元々のアイデンティティに到達することは歴史的には不可能であると言うべきなのか。ここでもまた、ことは複雑である。このようなアイデンティティの識別は、こうした称号のみならず、歴史家がこれもまだ多少とも見分けることができるイエスの言葉や行為にも基づいているからである。イエスが並外れた権威を我が物としていたために、彼の同時代人が如何に奇妙な疑問を抱いたかは、すでに強調したところである。「人びとはその教えに非常に驚いた。権威ある者としてお教えになったからである」（マルコ一の二二）。その教えは、モーセの律法、すなわち神の啓示をよりどころとしていた。しかるにイエスは、彼が何者であるかをはっきり言明していた方の代理として存在しているかのように、その教えから距離を取っていたのである。「しかし、わたしは言っておく」（マタイ五の二二以下）。イエスは、神の神殿を非難さえしていた（マルコ一三）。最後に、彼の癒しの行為と悪魔祓いとは、重大な問題を提起していた。「この人が汚れた霊に命じると、その言うことを聴く」（マルコ一の二七）。彼の内には悪霊がいるのか（マルコ三の二二）。「あの男は気が変になっている」と、彼の身内さえ明言している（マルコ三の二一）。自分自身の位格と、罪の赦し、すなわち救いの獲得のあいだの絆をあえて結ぶ彼は、いったい何者なのか。神以外に誰が赦すことができるのか。だから冒涜の非難がおこる（マルコ二の七）。要するに、後の福音書的伝承による文学的誇張を経なくても、イエスの言葉と行動は、いわゆる暗々裡に示されるキリスト論の問題を提起している。このキリスト論には、彼のペルソナの高度の理解がすでに含まれている。その理解は、復活信仰の華やかなる時に、復活の前やとりわけ後でイエスに与えられることになる一連のキリスト論における称号でやがて裏打ちされる。

I　キリスト論における称号

これらの称号は数が多く、ユダヤ・キリスト教徒集団とギリシア・キリスト教徒集団ではかなり異なっていて、各集団それぞれが自分のやり方で普及させようとした。おもなものを列挙してみよう。イエスはラビまたは先生と呼ばれている（ヨハネ一の三八）。彼は待望されていた預言者である（マタイ二一の一一）。僕、聖なる正しい方（使三の一三～一四）。メシア（マタイ一六の一六）。ダビデの子（マタイ一の一）でユダヤ人の王（マタイ二七の三七）。御子（ロマ一の三）で神の子（マルコ一五の三九）。終末論的な審判者（使一〇の四二）。羊飼いあるいは牧者（ヨハネ一〇の一一）。そしてとりわけ主（フィリ二の一一）。これらの名称のひとつひとつは、名称をつける文化環境それぞれがイエスのアイデンティティを如何に捉えているかを反映している。付け加えておくが、同じひとつのキリスト教共同体が、しばしば、これらの称号をいくつも混ぜて用いている。そこで、二重の区別をしなければならないであろうが、実際には実行に骨が折れる。まず、イエスの役務のあいだに与えられた称号［ラビ、先生、正しい方、預言者、そして、場合に応じてメシアあるいはダビデの子］と、おそらくは復活の出来事によって強く刻印された他の称号（キリスト、神の子、そして主）とを区別しなければならないであろう。次いで、自分は如何にイエス像を解読するかということにおいて初期のキリスト教共同体の各々が持っていた固有のこだわりを見分けなければなるまい。では、「人の子」といういささか突飛で風変わりな表現から始めよう。

1　人の子

この名称は、イエス自身によって発せられた言葉の冒頭でしばしば現われる。称号そのものというのではなくて、むしろ自分自身を指し示すセム語のやり方なのである。アラム語では、イエスの唇から出ると、この言い方は、彼の人性においては「私という人間」、そしてダニエル書が語る終末的で超越的な人物（ダニ七の一三以下）の両者を指し示す。一方では、ここにあるのは人称代名詞「私は」あるいはその強勢形「他ならぬこの私」の一種の代用語であり、この代用語は、イエス自身によるイエスの驚くべき名指し方を映している。他者がイエスに与えるようなひとつの標章あるいは称号のことではない。イエスだけがこれを用いているからである。マタイ八章二〇節によれば、彼は「人の子には枕する所もない」と述べている。これが意味するのは、私はあるいは人の子という言い方で始まるさまざまな福音書の言葉は、イエスの自己理解を映しているということである。彼が自分の使命を明確にしている例を抜き書きしておく。「（カファルナウムの）近くのほかの町や村へ行こう。そこでも、わたしは宣教する。そのためにわたしは（宣教に）出て来たのである」（マルコ一の三八）。「わたしが来たのは、正しい人（当時の最も宗教的な人びと）を招くためではなく、罪人（宗教的に生きることができない人びと）を招くためである」（マルコ二の一七）。さらにまた、イエスは、自分の行動の理由を説明するために、アラム語の表現*bar enasha*（人の子）を用いている。「人の子は仕えられるためではなく仕えるために来たのである」（マルコ一〇の四五）。あるいはまた、殺される恐れを気にかけて、「人の子は、人びとの手に引き渡され……」（マルコ九の三一）。他方では、この同じ表現が、イエス自身と、ダニエル書が語っていた最後の時の超越的な審判者像とのあいだに密接な関連があると思わせる。イエスが、この終末論的人の子あるいはこの最後の時の審判者とまったく同一であると考えなければならないわけではない。なぜなら、同一になるのは、生のあらゆる変転のかなたの、これから来る神の最後の勝利の時だからである。「わたしを恥じる者は、人の子もまた、その者を恥じる」（マルコ八の三八）。そして、「だれでも人びとの前で自分をわたしの仲間であると言い表わす者は、人の子も神の天使たちの前で、その人を自分の仲間であると言い表わす」（ルカ一二の八）。この確信は、イエスを糾弾する宗教的権威者の前でも表明される。「あなたたちは、人の子が全能の神の右に座り、（……）来るのを見る」（マルコ一四の六二）。こんにち審判者と言われている者が、今度は裁かれることになる。見てわかるように、「人の子」という称し方は、真正の謙遜を表わしつつ、やがて自分が持つことになる超越的な力を確信していることを示している。この表現の曖昧さは、そうなると激しい反応を引き起こすものとなる。ただし、ギリシア人の耳に少し奇妙なこの表現は、後で繰り返されることは殆どなかった。パウロも、イエスを指し示すのに、もうこれを使うことはない。それでも、この表現は、イエスの古い言葉集と共に残ったことには変わりない。「Q資料」（マタイとルカ。マルコはなし）の構成要素を記録したはずの初期のガリラヤの共同体が、とりわけこれらのイエスの言葉をまとめていたのである。他の名称に移ろう。

2 預言者

預言者という称号も同じくすぐに忘れられることになる。弟子たちや群衆が、この称号をイエスにつけている。エマオへの道中、二人の旅人は、「ナザレのイエス（……）は（……）行ないにも言葉にも力のある預言者でした」（ルカ二四の一九）とイエスのことを思い出している。しかし、キリスト教の伝承は、イエスをかつての預言者たちと同じようなただの預言者としてあまりにもおとしめるようなこの称号を、その後強調しないようになる。ところで、イエスは、自分に関して、間接的にしかこの称号を用いていない。「イエスは、『預言者が敬われないのは、自分の故郷（……）だけである』と言われた」（マルコ六の四）。そして、「預言者がエルサレム以外の所で死ぬことは、ありえない」（ルカ一三の三三）。とは言え、枝の日[1]に群衆は、「この方は、ガリラヤのナザレから出た預言者イエスだ」（マタイ二一の一一）と叫んだのである。実際、この語は当時とりわけ両義的であった。一方では、紀元後六年以来、自称の王たちやメシアたちが民衆に対して大きな顔をしていたし、また他方では、洗礼者ヨハネの時代以来、偽預言者たちが、往時のしるしや不思議な業を再現することができる新しいモーセよろしく引きも切らず現われていた。これらの預言者は、場合によって多少とも「メシア化されていた」ので、イエスや初期の信者たちからすると競争相手であった（マルコ一三の二二）。だからイエスや彼の弟子たちが預言者という語を使わないのが理解できるのである。

（1）受難に先立ってエルサレムに入る際、イエスが通る道に人びとが枝を敷いたことから、現在では復活祭の一週間前の日曜日を「枝の主日」と呼ぶ〔訳注〕。

3　キリストとメシア

王となる者が塗られる聖油で聖別された人を意味する「キリスト」という称号は、やはり曖昧ではあるものの、前記二つの称号よりは栄光に満ちた運命を辿った。なぜなら、この称号は、その意味が純化されて、政治・宗教的メシア待望の激しい特徴はなくなるにしても、今度はキリスト教の伝統の中に長く残ることになるからである。パウロは、イエス・キリストについてはよく語るが、その時「キリスト」という語は、地上の王国を支配する王としての任務のニュアンスを失っている。使徒パウロにおいては、「イエス・キリスト」は、単なる固有名詞になったのである。しかし、それ以前のユダヤ・キリスト教社会において、さらにはイエスにおいては、はたしてそうだったのか。というのも、一部のユダヤ・キリスト教徒は、こうした王国の到来を明らかに待望していた。だからこそ「使徒言行録」の冒頭での問いかけが出て来る。「主よ、イスラエルのために国を建て直してくださるのは、この時ですか」（使一の六）。とりわけマタイのユダヤ・キリスト教会は、イエスが神によって選ばれた彼の父ヨセフを通してダビデ王の家系に属することになる系図（マタイ一の一以下）はもちろんのこと、直接的にメシアであることを示すキリスト＝メシア（マタイ一の一六〜一八）、ダビデの子（同九の二七）、そして王（同二の二）といったさまざまな称号を強調した。だが、このようなメシアであるという確信は、イエスも持っていたのか。この問いについては、歴史家のあいだで長いあいだ議論されて来た。つまりイエスは、自分の責任でメシアという称号を引き受けたのか。確かに答えはニュアンス付きであろうが、このことを完全に否定することはできない。少なくとも、イエスが裁判にかけられたとき、ピラトの告発は、「ユダヤ人の王」という当てこすりに見せかけ、はっきりとこの点に向けられている。実のところ、イエスがこの称号を多少とも受け入れたかどうか知ることが大きな問題ではなくて、どのように彼がこの称号を自覚をもって受け入れたかを知ることが問題である。ヨハネによれば、群衆が彼を王にしたがると、彼は退く（ヨハネ六の一五）。しかし、同時に彼は、自分の義務として、預言者たちによって予言されていたメシアとしての行為を世間に知らせなければならない（マタイ一一の四〜五）。だから、歴史的に多くの意味を持った明白な葛藤がある。

4　神の子

「子」と「神の子」という称号は、いささか問題を提起する。これらの称号は、当時比較的ありふれていたが、場合によって異なった意味で用いられているからである。この表現は、イスラエルにも（出四の二二)、神に従って神に保護され続ける人たちにも(知二の一七~一八)、ダビデおよびメシアというコノテーションを持つダビデの子孫にも(詩二の七)、そしてさらには天使たちにも適用されていた。その上、ローマ皇帝の肖像がある貨幣には「神なる者の子」という語がついていて、とりわけネロ皇帝以降の皇帝崇拝の風潮によってこの語が刻印されたのである。すなわち、神とその子という関係を必ずしも問うことなしに、この語が、いかにさまざまな意味を持たされて使用されていたかということである。ところで、イエスは「神の子」という称号を直接自分に付与することはなかったが、彼が自分の父として指し示す方に対しては、いつも、しかも独特な仕方で子として自分を位置付けていたはずである。というのも、彼は、アラム語の言葉であるアッバ *Abba* を用いているが(マルコ一四の三六)、この言葉は、とくに民間の慣用では、「パパ」という打ち解けた呼び方にほぼ当たる。確かに、ラビ・ユダヤ教では、このアッバという言葉を神を指し示すために用いることが可能であった(実際は、この点に関してわれわれが所有しているごくわずかな用例は紀元後四世紀に遡る)。しかしながら、とりわけ、祈りの中で使われたかどうかは知られていない。ところで、イエスが「父」と呼ぶ方との対話の中で、イエスの特性を表わしているのが、まさしく次のことである(マタイ一一の二五以下、ルカ一〇の二一)。つまり、イエスは、まったく特別な称号である「子」として、ついに自分自身が注目を浴びるに至る。続きの文章はこのようになっている。「すべてのことは、父からわたしに任せられています。父のほかに、子がどういう者であるかを知る者はなく……」(ルカ一〇の二二)。前代未聞の自負を示すこうした呼び方は、パウロも繰り返した(ロマ一の三)。たとえばヨハネの伝承などにおいて、他のキリスト教徒の集団でも、この呼び方が見られる。すなわち、この呼び方は古く、イエスのアイデンティティを重大な仕方で明らかにしているということである。次の称号もまた多くの問題を含んでいる。

5 主

「主」(ギリシア語のキュリオス *Kyrios*)という称号は、パウロおよびパウロと関係の深いいくつかの教会で、とりわけ受け入れられるようになる(ルカではこの称号が見出されるが、マルコではほんのわずかである)。マタイのユダヤ・キリスト教会は、たとえば祈りの冒頭で、呼格(キリエ *Kyrie* 主よ)でのみこの語を用いている。イエスはと言えば、聖書を典拠にして、間接的な仕方(マルコ一二の三六)でのみこの語を用いたように思われる。ところで、ここでもまた、この語にはいくつものコノテーションがあり得る。すなわち、家の主人のことを言う時とか、あるいはキュリオス・ディオニュソスのようなヘレニズム世界の数多くの神話上の支配者の呼び名は言うまでもなく、ギリシア語を用いるユダヤ人が神に対して使う時とかである。すなわち、この称号は、当時広く用いられていて、いささか乱用さえされていた。これは、「子」あるいは「神の子」という称号と共に、福音書記者たちが用いている最も重要な称号のひとつである。ここにもまた、後世のキリスト教伝承がイエスの神性と呼ぶものが顔をのぞかせている。ところで、パウロ以前にすでに、ギリシア語を用いるユダヤ人のキリスト教徒は、この卓越した称号をイエスに適用することをためらわなかった。そもそもこの称号は、（七〇人訳聖書と言われる）聖書がイスラエルの神を名付ける時の古いギリシア語訳を引き継いでいた。しかしながら、パウロ以前にも以後にも知られていたアラム語を用いるユダヤ・キリスト教徒の古い共同体については、ことはいささか複雑になる。なぜなら、ギリシア語のキュリオス *Kyrios* は、アラム語のマル *Mar* の訳語である。このマルという語は、家の主人を意味することができるし、あるいはまた、神、主、そして世界の支配者にもあてはめられる。クムランで発見されたアラム語の資料にも、その例がある。ところで、この語は、パウロ以前にすでに姿を見せている。過越祭の日に発せられた「マラナタ *Marana Tha*」、わたしたちの主よ、来て下さい！というキリスト教徒の最初の叫びが響くときがそれである。イエスは主であると、聖書の神がまず持っていた称号を敢えて用いて、信徒たちは声高に叫んでいた。

問題を提起しよう。新約聖書は、時にはイエスに神のような名、神という名を与えているのか。答えは肯定だが、但し書きが必要だ。一方のギリシア語を用いる信徒たちは、パウロ的、そしてとりわけヨハネ的伝承の中で（フィリ二の六〜一一、一コリ八の六、およびヨハネ一の一以下、一〇の三三、二〇の二八）その称号をイエスに、多少とも直接に与えることをためらわない。他方のセム語を用いるユダヤ・キリスト教徒たちは、イスラエルの徹底的な一神教を危険にさらさないために、イエスの名に神のような名を結びつけることを避けている。しかし、それでもなお彼らは、えも言われぬイエスの位格を、モーセや天使の位格よりも高いものとし、ついに、イエス像を、どんな人間像をも超えて「動かす」にまで至るのである。一神教は守られ、そしてイエスの神秘は、出エジプト記の神の、言葉に言い表わせない名（出三の一四―ヨハネ八の五八）のように、開かれたままである。深い意味を持った神の子という呼び名は、全教会で優位を占めることになる。

第六章　十字架

なぜ、誰によって、またどのように、ナザレのイエスは断罪され、ゴルゴダの園で十字架にかけられたのか。数十年前から、これらの問いに対する答えは、著しく明らかになり、聖書解釈の一致に至っているが、それでも専門家のあいだには読み方の顕著な違いが残っている。キリスト教界では従来十字架の道行と呼ばれていることとの主要な時を特定する前に、一般的資料のいくつかにもう一度触れておくことにする。

I　文学的、考古学的原資料

キリスト教以外の原資料から得た考証結果は、ここ数十年間ほとんど変わっていない。しかし、福音書のテクストを対象とする文学的・歴史的研究は誤りのないものとなり、また考古学的考証結果は今では一新されている。最初の資料、すなわちイエスを十字架にかけるというローマ的な処刑とピラトに言及している歴史家ヨセフスの「フラウィウスの証言（本書二八頁）を蒸し返しても役に立たない。この処刑の責任者は、「私たちの筆頭者たち」であろう。これは、大祭司やとりわけ権力者のような、ユダヤの高官たちを指し示す俗な言い方である。二番目の資料は、紀元一二〇年ごろ、ローマの歴史家タキトゥスからの引用である。「ネロは、群衆からクリストゥス信奉者と呼ばれていた（……）者たちを（……）身代わりの被告とした。この一派の呼び名の起因となったクリストゥスなる者は、ティベリウスの治世下に、元首属吏ポンティウス・ピラトゥスによって処刑されていた」（『年代記』一五巻、四四〔国原吉之助訳、岩波文庫下巻、一九八一年、二六九頁〕）。元首属吏という称号がついたピラトの名に、再び出会うことになる。実際は、彼の正しい称号は総督だった。海に面したカイサレイアの劇場で、一九六一年に見つかった石の碑銘に、「Pontius Pilatus praefertus（総督ポンティウス・ピラトゥス）」となっているのが証拠である。後のクラウディウス帝の時代紀元後四六年に、ユダヤの地方総督は元首属吏と呼ばれることになる。そのことから、タキトゥスの時代考証の誤りが生じ、キリスト教の伝承に引き継がれたのである。

一新された考古学的考証結果のおかげで、今や比較的正確に十字架刑の道筋と様態を詳述することが可能である。ここでは一点だけを指摘することにする。エルサレム旧市街西のヤッファ門近くの「ダビデの塔」で大規模な発掘が行なわれた。ヘロデ大王のこの昔の宮殿は、紀元後六年以後、公邸と呼ばれる総督の館になった。かつては、この館は、後に使徒パウロが留置されることになる（使二一の三四）神殿中庭の北西所在の城砦アントニアにあったとされていた。この点は重要である。なぜなら、ヴィア・ドロローサ *Via dolorosa*（悲しみの道、アントニアから出発し聖墳墓教会に至る）の名でやっと中世になって知られたかつての十字架の道を真っ向から疑問に付すからである。というわけで、受難の正しい道筋は、ピラトが早朝イエスに判決を下した公邸の広場から始まって、市街の北にある「第二の城壁」に造られた門のひとつへと降りて行ったのである。この第二の城壁の見取図は依然としてはっきりしない。だが、城壁にあった二つの門は知られていて、ひとつは聖墳墓教会から八〇メートルのところにあり、ギリシア典礼の修道女が経営しているアレキサンドロス病院で今も見ることができる。

次にキリスト教資料の考証結果を明示することにする。最重要点は、四福音書に立脚していて、四書はイエスの逮捕から先の記述は、相互に充分一致している（マルコ一四の四三以下、マタイ二六の四七以下、ルカ二二の四七以下、そしてヨハネ一八の二以下）。イエスの逮捕から、その墓が開かれたところまで（マルコ一四の一から一六の八）の基本となる物語は、まず口承で、次いで文章で伝えられたもので、新約聖書の中でもおそらく最も古い文学的書き物のひとつである。ここにあるのは、数時間のことに関して、詳細に、また時間を追って並べた歴史的物語を伝える古代の稀なひとつの資料である。そして、この物語が、皆からひどいと見なされていた事実、すなわち、イエスに適用された十字架刑は、奴隷、外国人の煽動家、あるいは戦争捕虜に対する懲罰であることを対象としているだけに、よりいっそうの関心を引くところである。プラウトゥスのように（『幽霊屋敷』三五九〜三六〇行）ふざけるのでない限り、この種の話をするのは当時社会通念に反していた。それにもかかわらず、信者たちはこの記憶を自分たちの信仰の核心に位置付けようとするのである。

マルコはこの伝承を継承し、彼の福音書の中に取り入れる前に導入部を付けた（マルコ一四の一〜四二）。次にマタイとルカが、それぞれ別個に、自分自身の読者にふさわしいように、マルコの文面を書き換えた。二人は、自分たちそれぞれの伝承の中に伝えられていた他の要素を付け加えた。その結果、マタイには固有の要素として、ユダと大祭司とのあいだの裏取引（マタイ二七の三〜一〇）、ピラトの妻の介入（二七の一九）、墓が開いたこと（二七の五二〜五三）、墓の見張りの番兵（二七の六二〜六六）が含まれている。一方、ルカが語るのは、ヘロデ・アンティパス王の前へのイエスの出頭（ルカ二三の八〜一二）、嘆き悲しむ婦人たち（二三の二七〜三一）、悔い改めた犯罪人（二三の三九〜四三）、イエスの最後の祈りと群衆の悔悛（二三の四六、四八）である。この福音書記者は、ユダヤの高官の前でのイエスの夜の裁判については言及していない。イエスは、夜間に、当時もはや正規の裁判権を持っていなかった元大祭司のアレナスの前に、次いで、現役の大祭司である娘婿のカイアファの前にもちろん出頭せねばならなかった（ヨハネ一八の一三〜二四）。これらの夜間の引見は、厳密に言えばユダヤの訴訟として正式なものと見なすことはできないが、一連のイエス断罪作戦において重要な役割を多分果たしたのである。史料を詳しく見て行くことにする。

Ⅱ　イエスの裁判とユダヤ人の責任

1　イエスのローマ式裁判

イエスは、マルコとマタイが断言していると言われているように、二度刑を宣告されたのか。それとも、とくにヨハネによるように一度だけだったのか。歴史家の中には、続けて行なわれた二つの裁判、すなわち、宗教的理由で夜間に最高法院の前で行なわれたユダヤの裁判、次に政治的理由のために行なわれたローマの判決のことを、マルコ一四章五三節以下と一五章一節以下に依拠して語るのをやめない者たちもいる。しかしながら現在、専門家の大部分は、ピラトの前でのただひとつの裁判だけであったとしている――だからと言って、十字架に至るまでのことが動き出すに当たって宗教当局者の音頭とりがなかったということにはならないであろう。ヨハネはと言えば、イエスがまず大祭司たちによって法廷外で尋問されたのであるにせよ、判決についてはピラトの前で受けた刑の宣告のみに言及している（ヨハネ一八の一三以下）。最後にルカは（二二の五四以下）、最高法院が開廷したことを語っているが、それはようやく朝になってのことで、ピラトの判決のさほど前のことではなかった。厳密に言うところのユダヤ側の宣告は問題にされていない。そもそもマルコにあっても、最高法院の裁判官たちは、イエスに「死に価するような」(マルコ一四の六四)〔フランス語原文による訳で田川建三訳もほぼ同じ。新共同訳は「死刑にすべきだと決議した」〕刑を宣告したのであって、死刑を宣告したのではない。

この状況はかなり複雑なように見える。まるで神殿の指導者たちの宗教上のいらだちを、ローマ人たちがそのまま認めなければならないかの如く、引き続いて行なわれる二つの裁判というのは、歴史的には、まったくあり得ないという訳でなくても、あまりありそうもなく思える。これは、当時の状況に、まちがいなく当てはまらなかった。その上、夜間にユダヤ式法廷を公式に開廷し、しかもそれがユダヤ人の過越祭が始まったばかりの時のことであれば、すべての禁忌に触れることにもなりかねない。おまけに、「わたしたち(ユダヤ人)には、人を死刑にする権限がありません」(ヨハネ一八の三一)と、ヨハネが明白に念を押しているように、ローマのユダヤ占領以来、ユダヤ当局は、もはや「生殺与奪権」を持っていなかっただけに、死刑宣告に至る裁判はいっそうありそうもないことになる。そして、フラウィウス・ヨセフスもまたそのことを断言している(『ユダヤ戦記』II、§一一七)。この点に関しては、この権限を、ステファノの場合〔使七の五四〜六〇〕のような裁判抜きの何らかのリンチや、あるいはまた、紀元後六二年のエルサレムのヤコブの場合〔エルサレムの共同体の指導者のヤコブは石打ちの刑で殉教、四三年か四四年の、ヨハネの兄弟の大ヤコブの殉教とは別〕のように、ローマの地方総督の不在の機に乗じた大祭司による越権行為と同一視しないよう気をつけねばならない。ましてや、この生殺与奪権は、神殿の中庭に厚かましく踏み込むような外国人がただちに被った死刑とははっきり異なっている。一八七一年に、シャルル・クレルモン＝ガリー〔一八四六〜一九二三年、フランスの外交官、オリエント学者、コレージュ・ド・フランス教授〕は、異教徒の違反者に警告する次の碑文を発見した。「如何なる外国人も、神殿の広場の周囲にある欄干と敷地の内部に入らないこと。捕らえられた場合は、死罪に処せられることになる。」

その上、当時最高法院で審議される裁判を規定するユダヤ法は知られていない。『ミシュナー』は、紀元後二世紀に書かれたその「最高法院論」の中でこれについてははっきりした規定を伝えている。しかし、紀元後七〇年以前においては、この法院は、サドカイ派の祭司や有力者の支配下にあったのに、この法は、後の時代のファリサイ派に近いラビの刻印が記されている。したがって、ただそれだけで、イエスの明確な事例に、後世のいささかお誂え向きの法規定を当てはめることはできない。実際は、もろもろの出来事の責任は、とりわけサドカイ派に属する神殿の祭司たちにある。ピラトの法廷の前に煽動家に仕立てた者の事件を大あわてで持っていたのは彼らである。しかるに、祭りの期間中、中でもとくにユダヤ教の過越祭の時には、ローマ人指導者たちは煽動者を排除して、民衆のどのような過激な運動も抑えるよう気をつけていた。イエスは、煽動者の一人と見なされたのである。

だが、ピラトは、せめてローマ法の規定を尊重しなければならなかったのではないか。しかし現地人、ローマの市民権を持たない人、つまりローマ人に言わせれば、自分自身の国に住む居留外国人でしかない人間であるイエスを相手にしていたからには、この点は、彼を困らせることは殆どなかったであろう。

イエスは、公共の秩序を壊乱していると聞かされていただけにますますのこと、ピラトは裁判規定に手を焼かなくてもよかった。ローマ市民権所有者の裁判を規定する法はここでは当てはまらない。この裁判は、規範から外れていて *extra ordinem*、そしてすべてがわずか数時間で行なわれ、ユダヤの過越祭の期間に入ったのかまだかが考慮されることさえなかった。福音書には、現にそこにいる、あるいはこれからなるかもしれない煽動家を、できるだけ速く厄介払いするための即決裁判、さもなければやっつけ裁判の反映が見られる。

2 ローマの責任とユダヤの責任

誰に責任があるのか。この問題は厄介で、答えは含みを持ったままである。一方において、ピラトの責任は明白であるが、同時に、この点に関して、キリスト教の初期の伝承はどちらかというと沈黙しているのは事実である。というのは、やがてローマ世界に散らばって行くキリスト教徒にとって、皇帝の権威を前にして、自分が反逆者だという印象を与えないことが重要だったからである。ローマの火事（紀元後六四年）の後のネロ皇帝の非難にもかかわらず、諸共同体は平安を求めていた。確かに、ピラトの責任は忘れられてはいないが、ローマの権威全般を認めないということではなかった。もう一方において、ユダヤの責任は、それでもやはり明白であった。そして、その概要が強調される傾向さえあった。この傾向はとりわけマルコとマタイにおいてはっきりしている。正式のユダヤの裁判の範囲内で大祭司たちの干渉が明らかに認められるという印象を与えているのだ。マルコは、七一人の成員が召集されたらしい「最高法院全体」（マルコ一四の五五、一五の一）のことさえ語っている。だが、ルカは、論争になりかねないため、問題をこのように拡大するのを避けている（ルカ二九の六六）。そういうわけで、引き続いて行なわれた二つの裁判という奇妙な痕跡は、マルコとマタイだけに見られるのである。

ユダヤの世界は、分裂していないまでも多様であるからには、ここで問題となっている責任をはっきりさせることはできるのか。何にもまして自分がユダヤ人でありたいと望んでいたユダヤ・キリスト教徒は、とりわけ神殿の高官を非難した。その場合、争いは、ユダヤ人のあいだの争いと言うべきである。つまり、イエスに対する信仰を告白する人たちと、彼を認めない人たちとのあいだの争いであって、後世言われるように、ユダヤ教の会堂とキリスト教の教会とのあいだではない。さらにその上、まさに福音書に照らし合わせてみると、非難されるのは、すべてのユダヤ人ではなくて、宗教的指導者たち、つまり「祭司長、長老、律法学者たち」（マルコ一四の四三、五三－一五の一）である。マルコによる最も古い受難の物語の中で、頻繁に繰り返し現われるのがこのトリオであって、ファリサイ派なる宗教的、いやむしろ世俗的な集団があからさまに現われるのではない。大祭司が推進役を果たすのである。ゼベダイの子大ヤコブの処刑の時（使一二の二）も、次いでフラウィウス・ヨセフスが明言しているように（『ユダヤ古代誌』XX、§二〇〇）、紀元後六二年のイエスの兄弟ヤコブの処刑の時もそうである。イエスが、儀礼上の厳格な清さの信奉者であるファリサイ派の人びとと一度ならず対立したのは確かである（マルコ二の一六、一八、二四‐三の六‐七の一〜五‐一〇の二)。しかし、イエスはまた、いくつかの点(神の摂理と死者の復活のテーマ)では、彼らと意見が同じであった。実際には、イエスと彼らは、争いの中味に至るまで、比較的相互に近い。そして、後には、ファリサイ派の何人かは、サドカイ派の人びとから初期のキリスト者たちを守ることになる(使五の一七以下および三四以下)。こんにちのユダヤ教が、何よりもファリサイ派の系列に位置していることを知るとき、この点は重要である。それはともかく、非常に早くから、キリスト教伝承は、イエスの死の責任をイエスを認めていなかったすべてのユダヤ人に顕著に広げたということを認めなければならない。とりわけ、ファリサイ派に近い律法学者が、紀元後七〇年のエルサレムの破壊の流血の不幸のあと非難の対象となった。なぜなら、他の宗教運動は崩壊してしまっていたので、ファリサイ派の人びとが、キリスト教徒の唯一の敵対者になったも同然であったからである。マタイは、彼の受難物語の一環として、マルコが非難の対象を律法学者としていたのに替えて、ファリサイ派を名指すことをもはやためらわない(マルコ一五の一、およびマタイ二七の六二)。ユダヤ・キリスト教徒である福音書記者マタイは、自分自身の民族の責任を強調さえすることになる(マタイ二七の二五)。一方、ルカのほうでは、むしろ十字架上のイエスが発した赦しの言葉と、続いて起きた群衆の悔悛を特記しようとする(ルカ二三の三四、四八)。上記の諸福音書が書かれる以前の、紀元後五一から五四年にすでに、パウロもまた、この場合のユダヤの当局者の責任を表明することになる。「彼ら(＝ユダヤ人たち)は、主イエスと預言者たちを殺したばかりでなく、わたしたちを迫害した」(一テサ二の一五および使二の

二三、三六-三の一三～一五-五の三〇、三二)。のみならず、使徒パウロは、イエスを正当に評価しないこの世のすべての権威者に、この責任を広げることになる。「この世の支配者たちはだれ一人、それ(すなわち、キリストの内にある神の知恵)を理解しませんでした。もし理解していたら、栄光の主を十字架につけはしなかったでしょう」(一コリ二の六、八)。換言すれば、ここで非難されているのは誰の罪ということではなく、あらゆる人間の罪である。このように確言されていてもなお、残念ながら、反ユダヤ主義運動の中には、誤って受難物語をよりどころとするに至るものがあった。ピラトや兵士たちの反ユダヤ的反発が、実際にはイエス自身に対して働くことになっていたのにである。まもなく、二世紀には、キリスト教会は、マルキオンとその激しい反ユダヤ主義を相手に戦うことになるが、つねにこうなるわけではない。

Ⅲ　出来事の経過

1　逮捕

イエスの逮捕は、マルコ(一四の四三～五二)に基づいてかなり正確に描き得る。しかし、そこに至った理由を述べることはもっと難しい。なぜなら、それらの理由は、このナザレ人のアイデンティティと行動の核心に触れるからである。この場面は、「キドロンの谷の向こうの園」(ヨハネ一八の一)の中、オリーブ山(マルコ一四の二六)で展開される。この場所は、ゲッセマネと呼ばれていて、アラム語の *Gat Shemanin*、油しぼり場を意味する言葉である。その領域は大きく、祭りのあいだは、エルサレムの町(人口約三万人)から、宿を見つけられない巡礼者の群(約一二万五〇〇〇人と言われる)がこうした近隣の土地に溢れ出るのである。マルコによると、「剣や棒を持った」(一四の四三)一群がイエスを逮捕しにやってくる。夜のことで、彼らは松明やともし火で明かりを取っているはずである(ヨハネ一八の三)。この種の状況においてローマ兵が棒を使うことは殆どなかったから、この一群はローマの兵士たちではない。ローマ兵なら、おそらく、アントニア砦から、武器を持って容易に出動できただろう。だが、そうすると、暴動の煽動者は、ユダヤの高官の前ではなくて、ローマの将官に突き出されたことだろう。そもそもマルコは、一群が、「祭司長、律法学者、長老たち」(マルコ一四の四三)によって遣わされたと、はっきり述べている。イエスの敵対者は、まず第一に、評判の良くない治安当局者を取り巻きとしていた大祭司たちである。古いラビ文書にもそのことが書かれている。「大祭司たちの家族の故に、私に災いあれ。彼らの槍の故に、私に災いあれ……彼らは大祭司なのだ。その息子たちは神殿の財務官、その娘婿たちは番人。そしてその召使は民を棒で打ち据える」(「トセフタ・メナホト」Tosefta Menahot 一三の二一)。しかしながら、ヨハネによれば、ローマ兵の一隊がやって来たのである。(ヨハネ一八の三、一二)これは驚くべきことである。なぜなら、一人の逮捕のために六〇〇人動員したりはしないからである。おそらく、福音書記者ヨハネは、この場合のローマの責任、少なくとも神殿に属す人びとがイエスの逮捕という任務を果たすままにさせておいたことの責任を強調しようとしていたのである。というのも、数人の弟子を含めて、多少武装するなどして、全員が警戒に当たっていたからである（ルカ二二の三八）。小競り合いの後逮捕が行なわれた。「居合わせた人びとのうちのある者が、剣を抜いて大祭司の手下に打ってかかり、片方の耳を切り落とした」（マルコ一四の四七）。これは重大なことであった。このような身体欠損は、その者を神殿の役務につけない体にしたからである。後に、ヨハネは、マルコスの右の耳を切り落すペトロという具合に、相対した者の名をはっきりさせることになる（ヨハネ一八の一〇）。要するに、イエスは自分が「無法者」と同等に扱われることを拒む（マルコ一四の四八）のである。そして、力を用いることもしない。「剣をさやに納めなさい。剣を取る者は皆、剣で滅びる」（マタイ二六の五二）。

この事件の中でのユダの役割は、はっきりとは分からない。この男とその父は、イスカリオテという添え名を持っていた。すなわち、村の名に由来する「ケリヨトの人」という意味である（エレ四八の二四、ヨハネ六の七一）。何が彼の罪なのか。夜中に一団を案内したことが罪なのか。だが、イエスは、殆ど逃げ隠れしていなかった（マルコ一四の四九）。報酬で釣られた手引人の必要などなく（マルコ一四の一二）、どのような警吏にも、イエスと弟子たちの跡を追うことができたのである。しかしながら、マタイはこの報酬のことを強調し、これがあまりにも少なくて、そしてとりわけ不名誉な額であるかを示すために、「ゼカリヤ書」一一章一二節から引用した文面でそれを裏打ちしている。つまり「銀貨三〇枚」

で、これは奴隷一人の値段である（マタイ二六の一四～一五、出二一の三二）。キリスト教伝承は、ユダの果たした役割のことにもこだわる。だから、無意味に一人の裏切り者が作り上げられたわけではない。ユダはイエスを否認するが、彼に接吻する。通常、自分の師に対する尊敬を表わす弟子の仕草が、ここではユダの断交の確認のしるしとなっている（サム下二〇の九～一〇と比較せよ）。他の弟子たちも、ペトロを含めて、イエスを見捨てることになった（ヨハネ六の六六、マルコ一四の六六～七二）。ユダただ一人というわけではない。だが、他の者たちとは違って、ユダは、自分の師の命そのものに関わる計画に何らかの仕方で加担した。それでもなお、三世紀のグノーシス派の人びとは、「ユダ福音書」によってこの記憶を浄化するのである。

2　夜のあいだ

イエスの逮捕に続く一連の出来事は、正確に辿るのが難しい。ヨハネによると、イエスはまず前大祭司アンナスの前に連れて行かれた。この者は、もう現職ではなかった。ということは、そもそも彼のイエスに対する糾弾が、いかに法的な性格から外れていたかということである。イエスは、彼に答えることを拒みさえする（ヨハネ一八の一九～二一）。次のカイアファの前への出頭は、ほんのわずか言及されているだけである（ヨハネ一八の二四）。このヨハネとは違って、共観福音書では、物語は、もう少し内容が豊かになっている（マルコ一四の五三～六五）。指摘できるのは、福音書記者たちは、ペトロのイエス否認（マルコ一四の六六〜七二）のような、イエスの出頭の件の外側のいくつかの状況の情報をとりわけ得ていたと思われることである。言い換えるなら、彼らは、続けざまに行なわれたこれらイエスの出頭に関わって彼らの知り得たことのいくつかの反響を、正規のユダヤの裁判と見える枠組みの中に含めてしまうこともやむを得ないとして、手短かにまとめているのである。

いくつか細部の説明を提供しよう。ややはっきりしない一連の夜間の出来事についてではなくて、登場する立て役者たちと、イエスに対して逮捕の口実にされた理由についてである。アンナスは、ヘロデ大王の息子の一人であるアルケラオの免職後、紀元後六年にシリアの総督キリニウスによって大祭司に任命されていた。彼は一五年まで大祭司の職に就いていた。次いで六五年までのあいだに、彼の息子のうちの五人と孫のうちの一人がこの職に任命された。その前に、彼の娘婿のヨセフ・カイアファ（ヘロデ時代の納骨堂で似た名が発見されている）が一八年から三七年までこの職にとどまったのに対し、彼の義兄弟、すなわちアンナスの息子たちのほうは、早々と解任された。というのも、大祭司は、ローマの総督によって任命されていて、総督は、高額の謝礼と引きかえに、思いのままに大祭司を取りかえていたのである。だが、カイアファは、やり手の政治家で大金持であった。後述されるピラトについて言えば、騎士身分の軍人で、二六年から三六年あるいは三七年初頭までユダヤの総督の任にあった。その後、シリアの総督ウィテリウスは、三六年にピラトが組織したサマリア人虐殺の後、皇帝に弁明させるためにティベリウス皇帝の許へピラトを送った。古代のユダヤ人著作家たちは、フラウィウス・ヨセフスの場合は、実際に起きた、そして忌むべき出来事に基づいて（『ユダヤ戦記』Ⅱ、§一六九～一七七）、またアレクサンドリアのフィロンの場合はより一般的な見地から、彼を最悪の人物と言わねばならなかった。後者は、ローマの当局への報告を引用しているが、そこでは、「彼の公金横領、暴力行為、略奪、暴虐、拷問、裁判抜きの処刑の連続、恐るべきとめどない残酷さ」（『ガイウス帝〔カリギュラ〕への使節』§三〇二～三〇三）が述べられている。ところで、ピラトは、敵意に満ちた反ユダヤ主義で知られていたヤイヤヌスとかいうティベリウス皇帝の右腕の者によってこの職に任命されていた。ピラトはその者を模範として仰ぐことになるが、この点は、イエス受難の際に、影響が二つ出るという意味で重要である。すなわち、一方でピラトは、自分があまり好きではない神殿の当局者たちを妨害するためにぐずぐずし、また他方で、「ユダヤの王」をよりひどく愚弄するために、兵士たち（ユダヤ人に強い敵意を持っている補助部隊）の残忍さに歯止めをかけないのである。反ユダヤ主義がイエスに不利に働いたのである。

神殿の高位者によるイエスの逮捕の理由は、ピラトの前で申し立てられた理由とはかなり異なっている。だからと言って、一方ではもっぱら宗教的動機、もう一方では政治的動機を云々せねばならないということではない。当時、政治と宗教はほぼ一体であった。いずれにせよ、ある一点が両者を結び付けた。つまり、すべての人とは言わずとも、殆どの人の見るところでは、イエスは騒擾の扇動者であり、彼を排除するには、すでにそれで充分以上であった。その他にもっと明確ないくつかの理由がまざってくるが、だからと言って、とくに強いと認められるものがあるわけではない。ただひとつ例外は、起訴状に基づいて作られた理由、すなわち十字架上に掛かった罪状書き、「ナザレのイエス、ユダヤ人の王」（ヨハネ一九の一九、マルコ一五の二六）である。この問題は重要である。それはイエスの全生涯、そのアイデンティティ、そしてその活動に関わっている。要するに、イエスの逮捕は、洗礼者ヨハネと親交があったという理由で正当化されたのか。フラウィウス・ヨセフスによれば（『ユダヤ古代誌』XVIII、§一一六〜一一九）騒乱危惧のため、ヘロデ・アンティパスによって処刑されたというあの洗礼者ヨハネと。だが、このことは、当時から見てすでに昔のことのように思われる。それでは、逮捕の理由は、律法に対する彼の異様な姿勢なのか、あるいはそれ以上に、彼が彼の神とのあいだに持っていると主張していた許し難い絆については言うまでもなく、メシアであるという彼の自負、神殿に対する彼の批判なのか。だが、ローマの総督は、ただ単に宗教的な理由による告発を、通常忌避していた。以上のいろいろな探索の手がかりは、各々価値を持っている。だが、おそらく次の二つか三つの手がかりのほうを重視しなければなるまい。

宗教上の高位者たちの見地からは、神殿に対するイエスの態度は眉をひそめさせるものである。なぜなら、イエスの批判は、単なる神殿改革をめざす批判を通り越しているからである。この時代に完成したばかりのこの驚異的建築が、イエスによるなら「憎むべき荒廃をもたらすもの」（マルコ一三の一四、ダニ一一の三一の繰り返し）に、すなわち、完全な破壊ではなくても、徹底的な汚れに至ると決めつけられているのである。そして、イエスの神殿における不都合な行動に、祭司は無関心ではいられなくなっていた。なぜならイエスは、供物に必要な動物の販売を一時妨げるに至ったからである（マルコ一一の一五～一七、とくにヨハネ二の一四～二二は、このエピソードをよりいっそう重要視するべく、彼の物語の冒頭に置いている）。この事件は、大祭司や律法学者の耳に当然入った（マルコ一一の一八）。それで、イエスは糾弾され、現在のわれわれにはイエスに対するユダヤ式裁判と映る枠組みの中で、おそらくはいくらか修正された上で、その糾弾が次のように伝達されている。「この男が、『わたしは人間の手で造ったこの神殿を打ち倒し、三日あれば、手で造らない別の神殿を建ててみせる』と言うのを、わたしたちは聞きました」（マルコ一四の五八）。イエスは、当時あるがままの神殿を拒絶する。いかにも、マルコは、証人たちがこの点に関して意見が一致していなかったことを言い添えている（一四の五九）。彼らは偽証人である。すなわち、当時の言い方では、不実な心を持った証人で、必ずしも勝手に告発をでっち上げる証人ではない。神殿に対するイエスの姿勢は、事実、かなり複雑に見える。一方では、彼はそこに通い、当時の律法学者たちのように、そこの列柱の下で教えている。だが、他方では、彼は祭司たちとはっきりと距離を取り、和解のためのと言われる血だらけの献げ物の伴食に参加することは決してしない。そして、彼は、神殿の破壊を予告することによってさらにその先へ行くことになる（マルコ一三の二）。他のイスラエルの預言者たちもまた、かつて神殿の崩壊を予告していた。とりわけエレミアがそうである（エレミア二六の六～一八）。彼らは、手荒く扱われるかあるいは殺された（王下九の七～八参照〔この典拠は誤りと思われる〕）。神殿崩壊の少し前に、フラウィウス・ヨセフスは、エルサレムの真ん中で叫び始めたある田舎者のケースを持ち出す。「東からの声（声には大きな被害をもたらす雷の意味もある）、西からの声……エルサレムと神殿を告発する声……すべての民を告発する声」。この者は「骨まで」鞭打たれることになり、その後気が触れている者として放免される（『ユダヤ戦記』VI、§三〇〇～三〇九）。イエスの場合、さらにその先を行くことになる。

神殿に、すなわち律法に打撃を与えるこのような非難だけが、考慮すべき唯一の非難では恐らくないことだろう。メシアという呼び名もまた、それが含む問題点とこの言葉のニュアンスとが正確に把握された上で、やはり非難の対象となった。そしてそれは、二つの点においてである。まず第一点は、たとえユダヤ人たち（すべてのユダヤ人ではない）が、ダビデの子であるメシアを待っていたとしても、もちろんそれは、その者を殺すためでも、あるいは殺させるためでもなかった。この者は、まずはメシアの真価を発揮せねばならなかった。さもなくばメシアと気付かれなかった。後に、紀元後一三五年より前のことだが、一人のユダヤ人が自分を「星の子」（民二四の一七に基づく）と呼ばせて、自分をメシアと思わせることになる。彼は、当時ラビとして有名なラビ・アキバによって認知さえされ、後に、ローマ人に対する反乱を指揮することになる。彼はローマ人によって処刑されるが、メシアを僭称した廉でユダヤ人によって殺されたのではない。第二点について言えば、イエスが、ダビデの子メシアとして、ずばり自称したか否かということを知ることは大して重要でない。歴史的には、自称したとは疑わしい。すべてはこの称号に与えられた正確な意味次第である。しかしながら、前章で問題となった「メシアと見なされた預言者たち」が頂点に達した状況の中では、イエスの取り巻きや群衆が、いかに容易にイエスをメシアとして名指すことができたかということ、そして、ピラト自身も、そのことをいかにも刑宣告の核心となすことになるかということを認めなければならない。なぜなら、木の板に書かれ、ゴルゴタまで受刑者たるイエスの前に付けられていた起訴状には、三か国語で、「ナザレのイエス、ユダヤ人の王」（ヨハネ一九の一九以下）と書かれていたからである。したがって、ローマの観点からは、メシア（王）を名乗る者としてのイエスに対する告発が、相変わらず問題の核心である。さもなくば、イエスは、前述の預言者たちのような扇動者、そうでなければ、バラバや彼と一緒に処刑された二人の強盗のような者になってしまうであろう（マルコ一五の六、二七）。しかしながら、イエスに対するこれらの告発は、受難の物語だけではなく、福音書全体を貫くはるかに根本的なひとつの告発を見えなくすることはできないであろう。この告発は、冒涜という言葉が当時相当広い意味を持っていたかもしれないにせよ、大祭司からの冒涜の告発に要約される。なぜなら律法が脅かされているのみならず、さらに、イエスが自分の父として指し示していた者とのあいだにあるとした驚くべき絆は、殆ど無視できなくなっていたからである。「お前はほむべき方の子、メシアなのか」（マルコ一四の六一）とカイアファは尋問する。最後に問題にされるのはイエスのアイデンティティであって、彼の行動だけではない。たとえユダヤの裁判はなかったとしても、たとえカイアファの問いが別な状況においてなされたとしても、彼の問いの切っ先は、イエスに関する同時代人のきわめて大きな疑問を何にもましてまとめている。いったい、イエスは誰のつもりなのか。

3　刑の宣告

紀元後六年から、ローマの総督は、カイサレイアにその拠点を持っていた。エルサレムでは、総督は、ヘロデ大王のかつての宮殿、通称総督官邸に居住していた。西に市街を見下ろすその官邸は、アラム語では高台を意味するガッバター *Gabbatha* と名付けられていた。宮殿の前には敷石、つまり石の舗装面があった（ヨハネ一九の一三）。そして、ローマの習慣通り夜明けに、総督は裁判をする壇に座り、一同の前で裁きを行なっていた（マルコ一五の一六）。ピラトの面前へイエスが出頭する物語は、マルコではかなり短い（一五の二〜一五）。尋問がぶしつけなやり方で不意に行なわれる。「お前がユダヤ人の王なのか」。イエスはその問いに答えることを拒否し、「それは、あなたが言っていることです」と言って沈黙する。何の判決も言い渡されず、ピラトは群衆に議論の幕引きをいわば任せる。見ての通り、とりわけローマ人によって、明らかに皮肉なニュアンスを込めて使われた「ユダヤ人の王」という言葉に要約されたこの尋問は重大である。イエスは皇帝の権力を脅やかす扇動者ということになってしまうかもしれない。そうなると、前例があるので、事は深刻である。前述した自称預言者たちの活動に加えて、みずから王であると主張した例のいくつかを思い出そう。フラウィウス・ヨセフスの報告によれば、ヘロデ大王の死後、「ユダヤ全土が山賊や強盗集団の跳梁跋扈する舞台となってしまった。そしてこの連中は、たまたま自分の加わった反徒たちの首領ともなれば、いとも手軽に王となることができ、王ともなればローマ人にたいしては申しわけ程度の損害を、しかし自分の同胞にたいしては大規模な殺戮を行なって、共同体をその破滅へ向けて進めていったのである」（『ユダヤ古代誌五』XVII、§二八五〔秦剛平訳、ちくま学芸文庫、二〇〇〇年、三四三頁〕）。何人もが処刑されたが、たとえばエゼキアスの子ユダス（同書、§二七一～二七二、三三九頁）や、ヘロデのもと奴隷で、エリコの町を焼き払う前に王冠を戴いた怪力シモン（同書、§二七三～二七七、三三九～三四〇頁）である。同様に、もと羊飼いのアスロンゲスは、「王冠を戴いたものの、そのあとでさえも、自分の兄弟たちと共にしばらくのあいだその地をさらに荒らし続けた。彼らの主たる目的は、ローマ人と王の兵士を殺すことであった」（同書、§二七八～二八四）。より後のことであるが、ユダヤの反乱当初の紀元後六六年、ガリラヤのユダ（使五の三七）の子メナヘムは、「王衣で身を飾り、武装した信奉者を後に従えて、礼拝するため（神殿に）上った」（『ユダヤ戦記』II、§四四四以下）。

したがって、イエス問題は些細なことではなかった。しかし同時に、福音書の物語は、ピラト自身が、この一件をあまり事実だと思っていないとむしろ思わせる。この点は、マタイにおいて補強されていて、彼の福音書によれば、総督はこの件から手を引くことを望んでいた（マタイ二七の二四～二五）。ローマ法の次元では、このような態度は容認し難いが、しかし忘れてはならないのは、居留外国人（ローマ人の視点からの！）を対象とするこの種の *extra ordinem*〔規範を外れた〕裁判においては、如何なる法規定も拘束力を持たないということである。要はこの件を厄介払いすることである。ピラトも、イエスをガリラヤの四分の一領主ヘロデ・アンティパスの許へ送ることでそれを目論んだ(ルカ二三の六〜一二)。しかしヘロデ・アンティパスは非常にすぐれた策謀家で、巻き添えにされることはなかった。彼はすべてをピラトに送り返した。あるいはまた、ピラトは、イエスをイエス・バラバという名の暴動扇動者と入れ替えようとしたようだ(マタイ二七の一六〜一七。イエスという名は当時ありふれていた)。しかしながら、祭りを盛上げるために、囚人を一人釈放する習慣は、他では知られていない。もちろん、だからと言って、君主の機嫌によって、時たま釈放が行なわれないわけではない。しかしながら、この奇妙なエピソードの切っ先は、いささか挑戦的過ぎるように見える。すなわち、群衆は、生命の創造者よりも、一人の殺人者のほうをむしろよしとするというのだ。それでもピラトの責任は減るわけではなく、あるいはある意味では重くなっている。

十字架刑の宣告は、ローマのやり方であって、ユダヤのではない。ユダヤ人においては、少なくとも彼らがまだ「生殺与奪権」を持っていた時期には、犯罪者は、石打ちの刑にされ、死んでから、木の磔柱に上げられた。エッセネ派の人びとは、さらにもっと残酷だった。石打ち後、彼らはまだ生きている者を木に架けることにしていた。しかし、ユダヤ人がローマ式十字架刑を行なったいくつかの例も知られている。たとえば、紀元前八八年ごろ、アレクサンドロス・ヤンナイオス王は、八〇〇人のユダヤ人を、エルサレムの中心で十字架刑にした。イエスの場合、ピラトの責任下であるから、この処刑の方法がとりわけローマ式の刑であることに変わりはない。十字架刑は、当時よく行なわれていて、難局にあってはとくにそうであった。エルサレム包囲の際、ティトゥスは、日におよそ五〇〇人のユダヤ人を十字架刑にすることになる。ヨセフスが書いているように、「兵士たちは、怒りと憎しみから、捕らえた者たちをさまざまな格好で十字架に釘打ちしてはそれを楽しんだ」(『ユダヤ戦記』二、V、§四五一〔秦剛平訳、ちくま学芸文庫、二〇〇二年、三六五頁〕)。その後の伝承が伝えているピラトらの末路に関する細部をひとつ付け加えておくと、ピラトはガリアのヴィエンヌ〔イゼール県の町で、リヨンの南三〇キロ、ローヌ河左岸にある〕、そしてヘロデ・アンティパスはサン・ベルトラン・ド・コマンジュ(旧名 *Lugdunum Convenarum*)〔オート・ガロンヌ県の町でピレネー山中にある。ヘロデはここに妻ヘロディア、娘サロメを伴った〕に流刑になった。しかし、イエスの事件とは関係のない理由によってである。

4　処刑

慣例として、死刑は鞭打ちから始まる。なぜなら、囚人を刑場に引き立てる前に身動きできなくなるほど痛めつけはしなくても、民衆に恐怖心を抱かせ、囚人を弱らせなければならないからである。懲罰は公開の場で行なわれる(マルコ一五の一六)。アントニア城砦に駐屯していたシリア人かサマリア人の補助兵たちは、大いに楽しむことができた。というのは、死刑囚は嘲弄されることになっているからである。それ故イエスも、赤い(王の色あるいは兵士の外套の色)外套を着せられ、茨で編んだ冠を頭に載せ、そして王杖の代わりに葦の棒を持って王の扮装をさせられる。次いで兵士たちは彼に敬意を払う王様ごっこをする。この場面は少し不自然に見えるが、実際は当時の習慣に合っている。アレクサンドリアのフィロンは、紀元後三八年の夏中、群衆がよりいっそう嘲笑の対象にするために王様に祭り上げた哀れな男についての次の話を伝えている。「……彼らはこの男を皆がよく見えるところに据えた。彼らは一枚のパピルスの葉をのばし、それを王冠の代わりにこの男の頭にかぶせる。彼らは王衣の短いマントの代わりに、ボロのカーペットでこの男の体の首から下を覆う。また、王杖の代わりに、彼らのうちの一人が道端に捨てられているのを見つけた地元のパピルスの茎の一端をこの男に手渡す……劇場での道化芝居のように、王であることのしるしがこの男に渡され、そしてこの男が王として飾り立てられるや否や、若者たちが護衛兵に扮して、槍持ちよろしく、肩に杖をのせてこの男の両側に横列に並びました。続いて、他の者たちが進み出て、ある者はこの男に敬礼をするふりをし、ある者は訴えをするふりをし、ある者は公益に関わる請願をこの男にするふりをした」(『フラックスへの反論』§三七〜三八)。それに、サトゥルヌス祭では、この種の物まねに似たものをいくつか見ることができる(ヨアンネス・クリュソストモス、Ⅳ、§六七およびタキトゥス『年代記』第一三巻一五)。

兵士たちは、その後で、この囚人を処刑の場所に引き立てて行く。そして、二人の他の「悪漢」も一緒に連れて行くが、この悪漢という言葉には、当時二つの意味、すなわちただの泥棒あるいは強盗の意味と、政治的に危険な暴徒の意味があった。この処刑はしたがって集団処刑となる(マルコ一五の二七、三二)。囚人はまず自分の十字架、より正確には、ラテン語の ***patibulum***、つまり、地面に突立てられる縦柱の上部にあとで付けられることになる横木を運ばねばならない。プラウトゥスは、次のような表現でこの種の場面を伝えている。「彼は自分の横木 patibulum を町なかを通って運ばなければならず、その後で十字架に釘付けにされなければならない」（『炭焼きかまど』四八行）。あるいはまた、「襟首の上に横木 patibulum を担がせ、お前を突き棒でめったやたらに突きながら、彼らはお前を町なかで引き回す」（『幽霊屋敷』五六〜五七行）。ヨセフスが語っている囚人のように、こういう場合、見せしめにするため、町の中で最もにぎやかな通りが道筋として選ばれた。「（カエサルは彼を）鎖でつないでエルサレムに送り返し、ユダヤ人たちの侮辱に彼をさらし、町なかのひと通りの引回しがすんだら、彼の首を切るよう命じた」（『ユダヤ戦記』II、§二四六）。現在のヤッファ門の近くにあった総督官邸から、一本の道がテュロペオンの谷に下り、（少なくともビザンティン時代以後は）列柱の並ぶ広い大通りと、北の城壁の二つの門のうちのひとつに達する。おそらく、これは、ゴルゴタの近く、総督官邸から約四〇〇メートルに位置しているエフライム門のことである。道行のあいだ中、囚人の首に付けられるか、前に掲げる木札の文字が処刑の理由を衆知させていた。イエスの場合は、「ナザレのイエス、ユダヤの王」（ヨハネ一九の一九〜二二）である。これらの文字は、それなりにユダヤ人の群衆を辱めていた。少なくともルカによれば、途中でイエスは、胸を叩いて嘆き悲しんでいる何人かの婦人たちに出会う（ルカ二三の二七〜三一）。一般に、囚人は、道すがら立ち止まることは許されていない。ユダヤには、敬虔な婦人団体が、囚人の苦痛をいささか和らげることができる麻酔性の飲み物を提供することを認める習慣があったのは事実である。三共観福音書は、イエスの十字架を担がせるために、一人の通行人が徴用されたことを付け加えている（マルコ一五の二一）。こうした徴用は、囚人が力尽きてしまうことによるもので、前例がある。イエスの場合、徴用されたのは（リビアの）キレネのシモンで、彼は田舎から戻ってきたところであった。彼の二人の息子はアレクサンドロスとルフォスという名であるから、エルサレムのユダヤ・ヘレニストの一家である。一九四一年に、キドロンの谷の南東でひとつの墓穴が発見されたが、納骨所には「シモンの息子アレクサンドロ」という言葉と、それに加えて *QRNYT*（キレネ人？）と記されている。後の紀元二世紀に、バシレイデスという名のグノーシス主義者は（聖エイレナイオス『異端反駁論』Ⅰ、二四、四によるなら）、イエスの代わりにシモンが十字架刑にされたと主張することになる。コーラン（四の一五七）がこのことを繰り返す。それほどまでに、イエスが蒙ったような屈辱的な死は、彼らによれば、神の預言者にはほとんどふさわしくなかったのである。

福音書記者たちは、処刑の場所をゴルゴタと名付けている。アラム語で頭蓋骨を指す語から来ている（ラテン語では *calvarius* で、そこからカルヴァリオ、フランス語の **calvaire** という語が派生）。現在も聖墳墓聖堂の内部には、頭蓋骨の形の高さ四、九二メートルの岩があり、このバシリカ式聖堂の最近の発掘（アルメニア教会側）によりうなじに似た形の岩が後ろに続くことが発見されている。紀元一三五年のハドリアヌス帝の命令によるアエリア・カピトリナ ***Aelia Capitolina***〔ハドリアヌス治世のバル・コクバの乱の後、ユダヤ色一掃の目的でローマ様式で再建された植民都市エルサレムの新名称〕建設が行なわれたローマ時代以来、この場所は度々の変化を蒙ったようである。長いあいだ、この場所には見たところ何も残っていないと思われていた。畑と周囲の墓穴のあいだの場所の通り名の由来となるこの奇妙な岩を見つけ出すには、四世紀に大規模な整地作業を行なわねばならなかった。処刑と埋葬は町の外でするユダヤ人とローマ人の習慣に従って、この場所は城壁の外にある。プラウトゥスが、このことに関してもまたせせら笑っている。「きっとお前はそんな風に門の外で処刑されるに違いない。手を広げて、横木に張り付けられて」(『ほら吹き兵士』三五八〜三五九行〔プラウトゥス『ローマ喜劇集三』木村健治訳、京都大学学術出版会、二〇〇一年、一三四頁〕)。ユダヤ人の習慣とは違って、ローマ人たちは、死体をその場で腐敗するままにしておかねばならない決まりだった。イエス埋葬の許可をピラトから得るには、アリマタヤのヨセフの手助けが必要となる(マルコ一五の四三以下)。

キケロによれば、十字架刑は、「死刑の中でも最も残酷で最も恐ろしい刑である」(『ウェッレス弾劾』II、五、一六八以下)。これは、奴隷の処刑の通常のやり方で(タキトゥス『同時代史』第四巻一一)、のちにコンスタンティヌス大帝によって廃止される。十字架に架けられる者は、まず着ている物を剥がれ、この点に関してユダヤ人は故意に言い落しているが、全裸にされる。彼は両手を横木に釘打ちされ、次いで地面に突立てられた木の上部に全身が載せられる。そして、今度は両足を重ねて立木に釘打ちされる。イエスについてもそうなり、彼は後に自分の手や足を見せることになる(ルカ二四の三九〜四〇、ヨハネ二〇の二五〜二七)。一九六八年に、エルサレムのジヴァト・ハーミヴタル Giv'at ha-Mirtar でイエホハナン Yehohanan という名の十字架処刑者の骨が発見されて、処刑方法をはっきり述べることができるようになった。両足が釘付けにされるには、両足をまとめて踵骨にただ一本の釘が打ち込まれるのである。他方、釘は前腕を突き抜けていた。この不幸な者の体重で裂けたかもしれないから、手ではなかった。さらに、縦柱の中間には掛木が出ていて、体を支え、体が崩れ落ちないようにしていた。なぜなら、責め苦は長く続くはずだからである。両足を支える物はなかった。三世紀の初めになって描かれた、ローマのパラティヌスの丘の有名な落書には、初めて、両足を支える物がついた十字架刑者として、驢馬の頭をしたイエスが描かれている。この時代の異教徒のあいだでは、驢馬はユダヤ人を指していたからである。

葦の棒の先端に付けた海綿を用いて、兵士たちは、イエスに飲み物を二度与えようとした（マルコ一五の二三、三六）。最初は、麻薬の効果がある「塗り薬を混ぜたぶどう酒」である（ディオスコリデス『医術の材料』I、六四の三）。二度目は、ポスカと呼ばれた兵士たちの酸いぶどう酒である。イエスはこれらを受けない。囚人イエスの衣服は、ローマ人の慣習に従って分けられる。ヨハネは四つに分けられたと正確に記す（ヨハネ一九の二三〜二四）。これで、刑執行に動員された兵士の数がわかる。そして、福音書記者一人一人は、イエスの最後の言葉を、それぞれ自分の流儀で記録している。詩編二二の二から取られ、アラム語で引用された言葉にはとりわけ驚かされる。「エロイ、レマ、サバクタニ」、すなわち「わが神、なぜわたしをお見捨てになったのですか」（マルコ一五の三四）。これは、聖書の詩編の言葉に当てはまる絶望の叫びである。それは、神の計画の神秘に出くわす信仰への測り知れない呼び声に変わる。十字架に架けられた者は、呼吸が次第に困難になり、窒息して死ぬのであった。それは何時間も続くもの、それどころか、少なくとも架けられた者が縄で十字架に縛り付けられていた場合には、何日も続くかもしれなかったのである。イエスの左右の二人の強盗も、単に縄で縛り付けられたのではなく、イエスと同じく釘打ちで十字架に架けられた。この死の苦痛は大変激しく、しばしば囚人は、すべての者に対する憎しみを力尽きるまで叫ぶに至る。死期を早めるために、兵士たちが囚人の両足を時には折ることもあった。すると囚人はさらにくずれ落ち、窒息するのである。プラウトゥスは、*crurifragium*（「脛を折られた者」の意。『カルタゴ人』八八六行）という彼の造語に表われているこの慣行のことに言及している。そうでなければ、槍の一突きで止めを刺すというのもあった。ローマ人は、死体を埋葬せずに厳しい監視下に置き、彼らの遺骸はハゲタカに委ねられるのが普通であった。（スエトニウス『ローマ皇帝伝』、第二巻「アウグストゥス」一三）。囚人の家族は遺骸に近付くことはできない。埋葬するにはユダヤ最高法院の成員の奔走と、ピラトによる許可が必要になる。ユダヤ人の祭りが始まろうとしていた状況の中では、町の城壁のすぐそばで、このようにいくつかの遺体を十字架に架けたままに放っておくことは困難であった。フラウィウス・ヨセフスが類似の一例を伝え、そして明言している。「判決を受けて十字架に架けられた者たちを、彼らは日没前に降ろして埋葬する」（『ユダヤ戦記』Ⅳ、§三一七）。イエスの埋葬は、処刑場の近くの墓のうちのひとつの中に、このような場合に普通取られる葬送の心配りも抜きにして、手早く行なわれる。かつて、一部では、十字架に架けられた者たちが、どこかの共同の墓穴に無名死者として投げ捨てられたと思われていたこともあったがそうではなかった。ジヴァト・ハーミヴタルの納骨所で発見された十字架処刑者の家名は判明している。得てして重いが、転がすことはできるひとつの石で、墓の入口はふさがれるのであった。

第七章　過越しの日の朝

イエスは復活したのか。あるいは、ユダヤ・キリスト教の古い言い方をまねるなら、神はイエスを「再び立たせた」のか、あるいは「蘇生させた」のか（ロマ一〇の九、使二の二四、三二、三の一五）。歴史家は、自分の専門である歴史学の範囲では、このことを肯定することも、否定することも、もちろんできない。その信仰に基づいて表明された肯定的な答えも、あるいは徹底的な否定も、歴史学に属してはいない。たとえ信仰者が、このような出来事は、何らかの仕方で人間の歴史に関与すると言い足すとしても、やはり事態は変わらない。歴史家は、この復活信仰の数多くの反響をキリスト教の始まりから発見するときも、歴史家としての役割から出ることはないものである。そうなると、この場合、状況は奇妙である。受難の物語のほうは四つの福音書による検討が不完全ながら統一のとれたかたちでまとめられているのに引きかえ、復活に関するキリスト教の言明は、あらゆる方向に広がる、ほとんど無秩序に近い状態の数多くの証言で行なわれる。確かに、最重要ないくつかの一致要素はあるものの、復活の物語は、数が多く、それぞれ異なり、そして順序立てることができず矛盾もしている。復活の最初の言明は、いろいろな言葉で、相互に調整困難な物語に包まれて、急激に多種多様な形で広がっている。ひと目見たところでは、このような多様性に直面すれば、何らかの結論を引き出すことは難しく思えることであろう。時間を追って整理された過越しの日の朝の出来事の統一された展開からは、それほど遠くにわれわれはいるのである。しかし、同時に、再び歴史的視点からすると、つねに繰り返されるただひとつの文学的典拠だけに依拠するよりも、復活についての最初のいくつもの体験の万華鏡のような木霊がある方がもっと大事である。歴史家の目をまず引くのは、信仰者が自分たちの主の復活であると呼んでいることによって引き起こされた言葉の氾濫である。歴史上の重大事は、かくのごとく、しばしば言葉の噴出という形で現われるからである。たとえば、イスラエルの預言者たちの紀元前七〜六世紀、また、キリスト教の誕生の原因を引き起こすことになるユダヤ教の内部分裂が起きた紀元後一世紀もそうである。革命は言葉において勃発する。

それはさておき、福音書記者は、復活の出来事それ自体、言うならばイエスが墓から出る時のことについて語ることを差し控えた。二世紀に編纂された新約聖書外典の「ペトロによる福音書」の著者は、この描写を試みている。しかし、信仰の最初の証人たちと、彼らに続く福音書記者たちは、まったくそういうことをしていない。マタイでさえそれを避けている。ただし、主のまばゆいばかりの天使がそこにいたことは指摘してはいる（マタイ二八の二以下）。福音書の確信ははっきりしている。つまり、イエスをそれとまったく見分けず、また彼を完全に描写しなくても、いつも生きているイエスを目標とし、そのイエスに対する信仰を告白することはできるというのである。復活の日にエマオ村へ向かっていた弟子たちのように、彼らがイエスだと分かるや否や、イエスの姿は彼らから見えなくなることに少し似ている(ルカ二四の三一)。それは、このような場合の聖書注解者の役割をよく示している。注解者は、こうした最初の信仰告白の多様な反響収集に専念するが、復活の日の夜明けに判明した復活の出来事が歴史的に事実であるごとく立証しようとするような、いわゆる証明と言われるようなものに行き着くのではない。この出来事は、それを証言する人のあとを受けて表わすことができるだけで、写真に撮ったり、証明したりできることではない。そうは言っても、初期の証言が、時には相互に食い違う言葉を用いながらも同じ根本的な経験に向かって収斂することに変わりはない。つまり、キリスト教的確信によれば、イエスは永遠に生きていて現存し、さらにはやがて来られる方である。彼を愛していた者たちの記憶の中だけに生きているのではなくて、彼に対する神の振る舞いに基づく新しい生命で生きているのである。再び、これは信仰による断言なのである。だが、キリスト教の最初の表明の頭文字であるこの確信を顧みない歴史家は、一世紀のキリスト教文書から何も理解しないことになるであろう。それでは、最初の信仰者たちは、復活についてどのように語っていたのか。

復活という言葉

今、復活という語を用いた。その意味を明確にし、この語が示す範囲を述べる必要がある。この語は、ユダヤ人の世界では、最後の時の天変地異の後に突然生じる死者全員の復活をまず意味している。だが、とくに紀元前二世紀以降大々的に唱えられたこの見解を、当時のユダヤ人全員が受け入れているわけではない（ダニ一二の二以下、および二マカ七の九）。後に、ファリサイ派の人びととエッセネ派の人びとはこの主張を認めたが、サドカイ派の祭司たちや有力者たちはそうではない。イエスとその弟子たちは、この問題をあらためて取り上げることになる（マルコ一二の二六、使四の一以下）。次いで、ファリサイ派のパウロ（フィリ三の五）、それに続いて福音書記者たちが、この問題をイエスだけの特別な場合のこととする。そこには、二つの特色がある。まず第一に、復活という言葉で表わされているのは、ヨハネの物語（ヨハネ一一）によるラザロの蘇生のような、単なる生への立ち戻りのことではもはやない。なぜなら、この語は、より豊かなコノテーション、つまり今や聖霊に照らされた存在に、神の生そのものが卓越的に参与するというコノテーションで、重みを増しているからである（一コリ一五の四二〜四五）。それでもなお、復活したイエスが最初の証人たちやパウロのような彼を信じる者に、実際に自分の姿を見

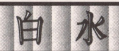

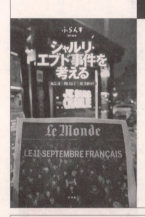

ウルフ・ウォーズ
——オオカミはこうしてイエローストーンに復活した

ハンク・フィッシャー〔朝倉 裕・南部成美／訳〕

各州の連邦議員、畜産業界、自然保護団体の思惑が複雑に交錯する困難な道をどう切り開いてゴールを目指すか。オオカミ再導入実現の立役者が苦闘と創意の20年をつぶさに物語る。D・ミッチ推薦。（4月中旬刊）四六判■2600円

ナポレオンに背いた「黒い将軍」
——忘れられた英雄アレックス・デュマ

トム・リース〔高里ひろ／訳〕

文豪デュマ・ペールの父にして、「黒人」で初めて将軍になったアレックスは、牢獄に囚われてしまう…。『モンテ・クリスト伯』のモデルとなった風雲児が生きた、革命と戦争の時代を活写する。（4月下旬刊）四六判■3600円

パリ移民映画
——都市空間を読む　1970年代から現在

清岡智比古

パリとはいかなる都市であるのか？　映画のなかの〈周縁からの声〉に耳を澄まし、その神話化の成立と〈郊外〉の出現、多文化的・多民族的社会の現実をあざやかに読

新刊

エクス・リブリス

歩道橋の魔術師

呉明益〔天野健太郎／訳〕

一九七九年、台北。物売りが立つ歩道橋には、子供たちに不思議なマジックを披露する「魔術師」がいた——。今はなき「中華商場」と人々のささやかなエピソードを紡ぐ、ノスタルジックな連作短篇集。（4月下旬刊）四六判■2100円

エクス・リブリス

民のいない神

ハリ・クンズル〔木原善彦／訳〕

砂漠にそびえる巨岩「ピナクル・ロック」。そこで起きた幼児失踪事件を中心に、先住民の伝承からUFOカルト、イラク戦争、金融危機まで、予測不能の展開を見せる「超越文学」の登場！　四六判■2900円

白水Uブックス

クローヴィス物語

サキ〔和爾桃子／訳〕

皮肉屋で悪戯好きの青年クローヴィスが引き起こす騒動の数々。辛辣なユーモアと意外性に満ちた〝短篇の名手〟サキの代表的作品集を初の完訳。エドワード・ゴーリー

国語リーディング　タングニの日本生活記

謹

から来たタングニ氏が、日本でくらす中でハッケンしたことや、抱い
モンについて考察。親しみやすい韓国語エッセイ本文に、語注、表現
ポイント、和訳を配した中級読本。　（4月下旬刊）A5判■1900円

韓国語のかたち《新版》

田忠幸

愉快な文字の世界へようこそ。看板やメニューなど、街に溢れる素敵な文
字たちを解読していく、とびきり楽しい入門書。自分の名前をこの文字で
書いてみませんか。無料おまけ音源有。　（4月下旬刊）B6変型■1400円

フランス文法はじめての練習帳

中村敦子

フランス語習得の近道は、適切な問題集を一冊完全にやりきること。このドリルなら、簡潔明瞭な文法解説、ポイントをおさえた練習問題で、フランス語力が早く確実に身につきます。　（4月中旬刊）A5判■1600円

仏検対策4級問題集（改訂版）

小倉博史、モーリス・ジャケ、舟杉真一編著　【CD付】

過去問を一新、練習問題は増補して解答はその場でチェックできるよう直後に配置。ゆきとどいたヒントと豊富な聞き取り問題で、どんどん進める「仏検対策」の決定版。　A5判■1800円

中国語で伝えたい 自分のこと日本のこと

及川淳子　【CD付】

身の回りの16テーマについて、文章を音読しながら表現・語彙をインプット。覚えたものを活用し、ネイティブと話し合う力を身につけます。日本文化や観光地に関する表現も多数紹介。　A5判■1800円

フランス語・フランス語圏文化をお伝えする唯一の総合月刊誌

ふらんす

5月号（4／22頃刊）　■639円

★特集「パリで味わうイスラーム」中島さおり / にむらじゅんこ / 関口涼子★「フランスと私」谷口功一★「対訳で楽しむ『ゴリオ爺さん』」松村博史★「仏検3級対策 次の一歩を踏み出すために」久保田剛史★「文法力で突破　聞き取り・書き取り講座」大塚陽子＋Christine ROBEIN-SATO

人生案内

出久根達郎が答える366の悩み

出久根達郎

読売新聞の大好評連載、人気回答者12年分の名回答を集成！　中1女子から92歳男性までのあらゆる悩みをテーマ別に編集。おとなの心得まで伝授する人生の指南書！　古川タクのイラスト描きおろし。　■1400円

ショッピングモールの法哲学

市場、共同体、そして徳

谷口功一

ニュータウンの風景を初めて目にした時の違和感は何だったのか？　文化表象としてのゾンビや多摩ニュータウンという場を問題にしつつ、荻生徂徠からサンデルまで規範理論を用いて〈郊外〉の実像に迫る！　■1900円

クルスクの戦い1943

独ソ「史上最大の戦車戦」の実相

デニス・ショウォルター　松本幸重訳

「ツィタデレ作戦」の背景、準備、戦闘の経過、圧巻のプロホロフカの戦車遭遇戦、作戦の挫折を、米国の長老軍事史家が新資料を駆使して精緻に描写。地図・口絵・索引収録。　■3900円

白水社創立百周年記念出版

ピカソⅠ　神童 1881-1906

ジョン・リチャードソン　木下哲夫訳

巨匠の晩年に親交を結んだ著者が、未亡人の全面協力を得て執筆を実現。膨大な新資料を駆使し、20世紀最高の芸術家の人生と作品を深い理解とともに丹念にたどる。待望の邦訳、第1巻刊行！　■12000円

受賞作

山内ケンジ

しい女性をめぐる、いびつに歪んだ人間模様―3つのグロテスクが味わえる、なごやか&官能的な、現代口語シチュエーション・コメディ！（4月下旬刊）

四六判■2000円

フランス・ルネサンス文学集1

―学問と信仰と

宮下志朗・伊藤 進・平野隆文編訳

本集はルネサンスのエクリチュールの豊饒にして広大な地平を俯瞰し、その全貌を伝えるもの。第1巻は、思想・宗教・科学・芸術に関する作品を収め、知的・宗教的位相を浮彫りにする。

四六判■6800円

クリミア戦争（上・下）

オーランドー・ファイジズ［染谷 徹／訳］

19世紀の「世界大戦」の全貌を初めてまとめた戦史。欧州事情から、各国の政治・経済・民族問題、ナイチンゲールの活躍、酸鼻を極めた戦闘まで、精彩に描く決定版。解説＝土屋好古

四六判■各3600円

古代末期のローマ帝国

―多文化の織りなす世界

ジリアン・クラーク［足立広明／訳］

二世紀～八世紀、地中海と西アジアで気候が変動し宗教・民族・社会編成の大きな変容をみた時代を、蛮族とローマ人などの対立でなく、ハイブリッドな文化と社会という継続性から捉えて概説する。

四六判■2300円

地図と鉄道省文書で読む私鉄の歩み

関東(2)京王・西武・東武

今尾恵介

世界に冠たる「鉄道王国」日本の歩みを、鉄道会社の職員やその許認可を担当する事務官、そして沿線住民の日常から浮かび上がらせていく。掲載地図多数。第2巻は京王と西武・東武沿線。

四六判■1700円

文庫クセジュ

999

宗教哲学

ジャン・グロンダン［越後圭一／訳］

「生と存在の意味を問う」という共通課題を持ちながら、哲学と宗教は理性と信仰や神という立場で対立してきた。古代ギリシアから現代までの西洋思想史を通して本質的な関わりを検証。

新書判■1200円

好評既刊

白水Uブックス

裏面 ある幻想的な物語

アルフレート・クビーン［吉村博次・土肥美夫／訳］

大富豪パテラが中央アジアに建設した〈夢の国〉に招かれた画家夫妻は、奇妙な都に住む奇妙な人々と出会う。やがて次々に街を襲う恐るべき災厄とグロテスクな終末の地獄図。挿絵多数。

新書判■1500円

カンボジアに村をつくった日本人

―世界から注目される自然環境再生プロジェクト

森本喜久男

二〇〇三年、シェムリアップ近郊にある5ヘクタールの開墾から始まった「伝統の森」に現在は約二百人が暮らす。伝統技術を受け継ぎ、自然の恵みを仕事と生活に生かす取り組みの軌跡。

四六判■1900円

狂言の家に生まれた能役者

野村四郎

二人の兄、萬、万作が狂言師へと進む中、一人能役者への道を選び、観世流シテ方となった偉才が書き下ろす初の自伝。二種の血がせめぎ合う伝統と革新への「役の性根」が魂の叫びとなる。

四六判■2500円

友川カズキ独白録 生きてるって言ってみろ

友川カズキ

詩人・歌手・画家・競輪愛好家・宴会師……すべてでありながら何者でもなく、つねに孤独と怒りと笑いを武器に低く深く叫びつづけた40年。その軌跡を縦横に語り尽くす。

四六判■1900円

ヒトラーと哲学者

―哲学はナチズムとどう関わったか

イヴォンヌ・シェラット［三ッ木道夫・大久保友博／訳］

ハイデガー、K・シュミット、アーレント、アドルノ等、ナチスの加担者と亡命者の言動を描き出し、〈思想と行動〉の倫理的基盤を鋭く問う注目すべき迫真の哲学ノンフィクション！

四六判■3800円

998

100語でわかるクラシック音楽

ティエリー・ジュフロタン［岡田朋子／訳］

音楽史（バロック、ロマン主義）、形式（協奏曲、ソナタ）、楽器グループ（金管楽器、打楽器）など多方面にわたり基礎用語を網羅。ヨーロッパやフランスに特有な項目も設けた。

新書判■1200円

せることには変わりがない（一コリ一五の三〜九）。続いて第二に、ファリサイ派の、そしてまたエッセネ派の確信によれば、死者の復活は、神が各人をその行為に応じて報いることになる世の終わりの後に初めて起こるはずであった。ところが最初のキリスト教社会では、イエスの復活がいわば予定日以前に起こるという、一種の時の混乱を目撃することになる。終わりの時がすでに始まった。したがって、イエスは、すでにやってきたメシアとして、また「再臨」、すなわち歴史の終わりにおける栄光に包まれた「到来」の際までつねに待たれる人として、示されることになる。そういうわけで、キリスト者の生は、十字架に架けられ今は復活したメシアの「すでに存在する人」と、世の終わりにおける彼の到来の「まだ来ていない人」とのあいだに位置している。したがって、パウロは、たとえ信じる者がキリストによってすでに「義とされている」としても（ロマ五の九以下）、彼が書いたことが確かである書簡の一〇個所で「救う」という動詞を未来形でのみ用いることになる。救いの未来は開かれたままになっている。ユダヤ・キリスト教の最初の表明では、この期待という主題が強調されていた。それに、アラム語の連辞マラナ・タ *Marana Tha* が、共同体での食事を中心に持つ初期の集会の結びの言葉であったが、その意味は、「コリントの信徒への手紙一」一六章二二節で言われているように、「先生（あるいは主よ）、来てください」で、ヨハネの黙示録では、ギリシア語で「主イエスよ、来てください」（二二の二〇）と引き継いでいる。

1　私はイエスを見たではないか

復活の主題に戻ろう。こうした復活の証人の一人であるパウロは、みずからの使徒としての権威の正当性を疑っていた一部のユダヤ・キリスト教徒に対して力説している。「わたしは使徒ではないか。わたしたちの主イエスを見たではないか」（一コリ九の一）。五四年ごろに書かれたこの同じ手紙の中で、彼は初期の信徒たちから受け継いだ伝承を、次の表現で念を押している。「最も大切なこととしてわたしがあなたがたに伝えたのは、わたしも受けたものです。すなわち、キリストが、聖書に書いてあるとおりわたしたちの罪のために死んだこと、葬られたこと、聖書に書いてあるとおり三日目に復活したこと、ケファ（ペトロ）に現われ、その後一二人に現われたことです。次いで五〇〇人以上もの兄弟たちに現われました。そのうちの何人かは既に眠りについたにしろ、大部分は今なお生き残っています。次いで、ヤコブに現われ、その後すべての使徒に現われ、そして最後に、父の死後に生まれたような〔「月足らずで生まれたような」（新共同訳）、「生れそこないのような」（田川建三訳）〕わたし（パウロ）にも現われました」（一コリ一五の三〜八）。ここでは、二種類のリストが結合されているのに気付くであろう。その一方は、ペトロや十二使徒のグループのような、生前のイエスに従っていた証人たちで、もう一方は、エルサレムのユダヤ・キリスト教徒の指導者になったイエスの弟ヤコブのような、イエスの復活後初めて合流した証人たちである（ガラ二の九、使一五の一三以下）。ヤコブは、ここでは、十二使徒とは別の使徒たちと一緒に語られている。「神が彼を見させた」という意味で、弟子たちに「自分を見せた」人であることこの復活者イエスとの出会いがここで強調されているのが注目されよう。まず神こそが――マルコ福音書一六章六節によれば、自分の天使を介して――弟子たちに復活者イエスを示す。この出会いの具体的な特徴を挙げることができるが、だからと言ってこうした体験の様相が明確になることはない。イエスが弟子たちへ出現したのを伝える福音書の中と同じく（マタイ二八の一六〜二〇、ルカ二四の三六〜四九、ヨハネ二〇の一一〜二一の二五）、信仰者のみが彼らの主を見て、それと認めることができる。エマオ村へ向かう弟子二人は、途上初めからイエスと一緒だったが、新しい現実におけるイエスを識別できなかった（ルカ二四の一三〜三九）。その意味するところは、復活者と出会うこうした体験は、人間の歴史の領域に入り、同時に入らない。これらの体験は、歴史の領域を超越している。ほかにも、ペトロへ、十二使徒へ、そしてさらに他の人たちへ出現したという物語は、同じ類型のものであり、歴史家はこれらの証言を書きとめられるが、その写真を提供できるわけでは決してない。復活信仰は、少なくとも信仰者にとっては、イエスの歴史と、そしてまた自分自身の歴史と関わる。だからと言って、歴史的研究が、信仰者の信仰をついには証明するに至るという結論がそこから引き出されるわけではない。

2　復活した十字架処刑者

復活という言葉に加えてさらに、ユダヤ・キリスト教の他の表現が、復活の経験の筆舌に尽くし難さを伝えようとした。イエスは相変わらず「生きておられる」（ルカ二四の五、二三 - ヨハネ一の四）と言うのもあれば、エノク（創五の一八～二四）、エリヤ（王下二の一一）、そしてエズラ（エズ・ラ一四の九以下）のような預言者たちが天に上げられたのに倣って、イエスは「天に上った」と言うのもある。あるいはまた、イエスは「神の右に上げられた」、つまり神の力によってである（使二の三三、五の三一）。フィリピの信徒への手紙二章六～一一節で読まれる古い讃歌が歌っているように、イエスは「高く上げられる」。彼は「立っておられる」（使七の五五～五六）か、「神の右の座に着いておられる」、つまり神と対等である（コロ三の一、ヘブ一の三）。こうしたさまざまな言い表わし方の一部は、後にルカが、復活と昇天の物語を視覚的な一連のシーンにして、整合させることになる。

だが、このような、イエス像を称揚するさまざまな表現は、彼の十字架上の死の現実に、どの程度まで目を開いていたのか。イエスが奴隷のように十字架に架けられたとまず言うとすると、実際、どのようにして福音を告げるのか。そこで、中でもパウロとその仲間たちは、副次的テーマを取り上げる。使徒パウロは、イエスに当てはめると、あの躓きとなる死をあからさまに想起させる（死者たちの）復活という用語に強くこだわる。というのも、パウロの見解では、イエスと、ヘレニスム世界の他の支配者や神々とのあいだには、大きな相違があるからである。つまり、キリスト者の主は、十字架につけられて死んだ十字架処刑者である。「わたしはあなたがたのあいだで、イエス・キリスト、それも十字架につけられたキリスト以外、何も知るまいと心に決めていた」（一コリ二の二）。十字架処刑者の作り話をするのではない。そもそも、最初の使徒たちが直面していた最大の異議は、どうして十字架処刑者が、メシア、そして主であると宣言され得るのか、であった。神は、「木にかけられた死体は、神に呪われたもの」（申二一の二三）と言ったではないか。どうして、聖書が断言していたことの反対を述べることができるのか。十字架は、「ユダヤ人にはつまずかせるもの、異邦人には愚かなもの」（一コリ一の二三）ではないのか。そこで、パウロは、この神の呪いを救いという祝福に変えるために、ガラテヤの信徒への手紙三章一三節〔キリストは、わたしたちのために呪いとなって、わたしたちを律法の呪いから贖い出してくださいました〕で抵抗する。ある意味では、当時の世界において、イエスを神であると言うことがそれほど問題となっていたのではなくて――神々は充分いたが、ひとつ神が増えるのも歓迎されたであろう――、この場合、十字架処刑者を神とするような躓かせる主張が問題なのである。この点に関しても、他の点に関して同様、パウロと最初の世代のキリスト者は、まさにイエスのあとを受けて、特異な価値の転換を行なうはずである。最も弱く、最も軽蔑すべき者が、この世の名士たちに勝るのである。この価値の逆転が、キリスト者の考えや実践の基盤である。さらに言い換えれば、歴史の中にある十字架の出来事こそが、古い超越に関する言説を新しい仕方で作り上げるのである。だからと言って、信徒たちが、復活した十字架処刑者イエスを声高に称えたことには変わりがない。一一一～一一三年ごろ、小プリニウスは、キリスト教徒が、「ひとりの神に対するようにキリストに対して賛歌を唱っている」（『書簡集』第一〇巻§九六）ことに注意を促している。このキリストは、それでもなお一人の人間には違いない。そして十字架処刑者でさえある。歴史家は、多少ともこの人のことを示すことができるが、今度は彼の方が、ナザレの人イエスに、次のように尋ねられてしまう羽目に追い込まれることになる。「それでは、あなたがたはわたしを何者だと言うのか」（マルコ八の二九）。

訳者あとがき

本訳書は、一九九八年に初版が刊行されたCharles Perrot, *Jésus* (Coll. « Que sais-je ? » n°3300, PUF, Paris, 6ᵉ éd. 2014) の二〇一四年刊行の最新版第六版の全訳である。

著者名をカタカナで記すとシャルル・ペロとなり、日本ではとりわけ童話作家として知られている十七世紀フランスの文人と見紛う表記になるが、姓のつづりも文人の方はPerraultと異なっている。

著者は一九二九年生まれのカトリック司祭で神学博士、パリ・カトリック大学Institut catholique de Parisの名誉教授であったが、翻訳の底本とした原書の第六版を遺してその刊行に先立つ二〇一三年十一月に没した。パリ・カトリック大学では聖書釈義学を担当していた。引退後は、フランス中部アリエ県ムランで教区の要職に就いていた。著書としては、本書参考文献中のもののほかに以下のもの等がある。

La Lecture de la Bible dans la synagogue : les anciennes lectures palestiniennes du Shabbat et des fêtes, Verlag Dr.H.A.Gerstenberg, 1973.

L'Epître aux Romains, *Cahiers Evangile*, Editions du Cerf, Paris, 1988.

Après Jésus. Le ministère chez les premiers chrétiens, Les Editions de l'Atelier, Paris, 2000.

本書の翻訳の依頼を受けたのは十数年前に遡る。イエス、聖書、ローマ史のいずれにも明るいとは言えない一仏文学徒にとっては荷の重い仕事であるが、『メナール版パスカル全集』を担当された白水社の当時の編集長山本康氏を通じての依頼でもありお引き受けすることになった。人類史上最も謎めいた人物であるイエスは、一平信徒にとって汲み尽きせぬ魅力をもった存在なので、イエスについて深く知るよい機会が与えられたことを喜んだことも事実である。いつまでにという制限もとくにないということも、お引き受けしやすい条件であった。

ところが、私が実際に翻訳に着手しないうちに、旧知の堤安紀氏が初版によってすでに訳了しておられることが判明した。堤氏は、故ジョルジュ・ネラン師が指導司祭であった東京教育大学カトリック研究会に属し、東京カトリック学生連盟の役員をしておられた半世紀以上前からの知己である。氏と私は一九六四年秋、踵を接してフランスに留学し、氏はリヨン、私はパリで留学生活を送った。氏はリヨン・カトリック大学を卒業して帰国されてからは、教職の傍ら、二十世紀を代表するフランス語圏カトリック神学者であるイーヴ・コンガール、アンリ・ド・リュバック、スタニスラス・リヨネ他の神学書の邦訳を世に送っておられる。神学専門家の訳稿がすでに存在しているからには、私のような専門の異なる素人が出る幕はなく辞退しようと思ったが、白水社としては、私に依頼することを社の方針としてすでに決めたあとだからということで、手を引くことは認められないが、堤氏との共訳にすることは構わないということであった。

本書の価値を認めて早々と訳了しておられた堤氏は、その訳稿をたたき台として誰かが利用し、自分が共訳者に名を連ねなくてもかまわないという寛大な申し出までされていたが、氏の訳稿は単なる下訳というようなものではないので、あくまで共訳ということにしていただくことになった。そして、氏の完成稿を送っていただき、原著と一字一句突き合わせて、氏の訳に多くを負いながらも私の責任において決定稿を作ることになった。その作業は全体のちょうど半分ほど進んだところで中断した。二十世紀の終わりから、定年退職に伴って、私の勤務先が二回変わり、またこの十数年間に五〇回あまり日仏間を往復し、年に数か月滞仏するようなあわただしい生活を送ることになったことがおもな原因である。

昨年の六月、クセジュを現在担当されている浦田滋子さんから電話があり、白水社創立一〇〇年の本年、文庫クセジュの記念すべき一〇〇〇点目刊行を迎えるが、『イエス』がそれにふさわしいので、間に合うよう作業を進めてほしい、ついては、原書は第六版が刊行されたばかりなので、その新しい版に基づく翻訳にしたいとのことであった。中断していた作業を再開する絶好の機会と思い、一〇〇〇点目に間に合わせるよう作業を再開することになった。そこで、中断するまで用いていた初版と同内容の第四版と最新の第六版を比べて、内容に大きな変更が加えられていることに気付くことになった。まずは全体の分量である。総ページ数は変わっていないが、この文庫の新しい方針なのか活字が大きくなったため、全体の分量は、約四分の三に減少していた。加えて、新版であらたに加筆された個所も多いので、旧版は多くの部分が削除された。旧版のまま残された個所でも、さまざまな手が加えられている。文章を縮めたり、語彙（とくに副詞）、動詞の時制、語順、文章構成等を変更したりという具合である。

そこで、中断以前の作業、つまり堤氏の訳文に私の主観で手を加えていく作業の続行は不可能となり、せっかく半分ほど終えていた作業結果もそのままでは使えなくなった。つまり最初から改めて訳出する必要に迫られたのである。

長年棚ざらしにし、刊行が遅れたためこういう結果になり、堤氏の訳稿の多くの部分を活用できなくなったことは残念であり、堤氏には大変申し訳なく思う次第である。旧版通りの箇所では、堤氏の優れた訳文をなるべく残すようにした。したがって、最終責任は私にあるとは言え、本訳書はあくまでも堤氏との共訳である。私の無知や、文章の好み等のため、堤氏の訳文を改悪した個所が多くないことを願っている。

歴史上の存在であるイエスに肉薄しようとする気迫にあふれた本書が、無数にあるイエス論の中でどのような位置を占め、どのような長所・欠点があるのか等については私の力に余るところなので、残念ながら云々できない。私自身にとっては、実に有益な書物で、たびたび目が開かれる思いがしたことを告白せざるを得ない。イエスや聖書の理解が深まる書物であることも確かである。カトリック教会に属す著者であるが、本書の内容は、カトリック教会にとどまらず、プロテスタント諸教会も含めて全キリスト教界が承認できるものと確信している。

原著巻末に参考文献として、テーマ別、章別に数冊ずつあげられているフランス語文献は、そのまま掲げた。この中に邦訳されているものは存在しないと思われる。これにさらに付け加えるならば、一九八〇年代末までに刊行されたイエスに関する邦語文献（翻訳を含む）、諸国語文献は、『新カトリック大事典』（研究社）の「イエス・キリスト」の項目に数頁にわたって書名が多数掲げられている。

本訳書中の聖書引用文は、新共同訳をそのまま用いた。ほんの数例のみであるが、新共同訳の日本語が、原書のフランス語による聖書引用とずれがある場合は、そのフランス語文を日本語に訳した。聖書の諸書の名称の略語も新共同訳と同じものを用いたが、四福音書はマタイ、マルコ、ルカ、ヨハネとした。

聖書以外の書物からの引用は、原書のフランス語による引用文を日本語に訳したが、原典からの邦訳をそのまま使ってもフランス語引用文とずれが生じない場合は既訳を使わせていただき、その既訳の典拠を明記した。使わせていただいた既訳の訳者の方々には、この場を借りて厚く御礼申し上げる次第である。

固有名詞の表記も新共同訳に従ったが、聖書にないものに関しては、術語の表記も含めて、原則として『新カトリック大事典』に従った。

訳文中「」で囲った部分は、フランス語原文でもそうなっている箇所である。訳注は〔〕で囲って、訳文中に挿入したが、長くなったものは、そのパラグラフの後に移した。使用した邦訳書の典拠も〔〕内に記した。

全体として数例だけであるが、マルコを使、一コリをロマと誤記してあった箇所と、聖書の諸書等の章や節の数の誤記は正しいものにして示した。

原書にはない聖書索引を読者の便を図って作成した。

著者の逝去によって、翻訳中に遭遇した疑義を著者に直接ただすことができなくなったので、オリヴィエ・シェガレパリ外国宣教会日本管区長に助けていただいた。日本赴任前の一九六〇年代半ばにパリで知り合った同師は、前出のジョルジュ・ネラン師（十七年間東京大学教養学部教養学科非常勤講師でもあった）の仕事のうち、真生会館館長職や、東京大学のカトリック研究会や聖書研究会の指導を引き継いでいる。同師の有益な助言に感謝の意を表したい。

いろいろ懇切なご助言をいただいた白水社編集部の浦田滋子さんにも厚く御礼申し上げる。

薫陶を受けた場所は異なっていたとは言え、二人の訳者にとって共通の師であったG・ネラン師歿後四年の命日の三月二四日に擱筆できることはうれしいことである。仕事に対して厳しかった師にとって、不満の少ない訳業であることを祈るばかりである。

二〇一五年四月

支倉崇晴

聖書索引

旧約聖書続編

新約聖書

マルコによる福音書（マルコ）

ルカによる福音書（ルカ）

参考文献
（原書巻末）

新約聖書入門

Brown R. E., *Que sait-on du Nouveau Testament ?*, trad. franç., Paris, Bayard, 2000.

Charpentier E., Burnet R., *Pour lire le Nouveau Testament*, Paris, Le Cerf, 2006.

Marguerat D., *Introduction au Nouveau Testament*, Genève, Labor et Fides, 2001.

古代ユダヤ教

Cousin H., Lémonon J.-P., Massonnet J. (éds.), *Le Monde où vivait Jèsus*, Paris, Le Cerf, 1998.

Mimouni S. C., *Le Judaïsme ancien du VIe siècle avant notre ère au IIIe siècle de notre ère : des prêtres aux rabbins*, Paris, Puf, 2012.

歴史の中のイエス像

Menozzi D., *Les Interprétations politiques de Jésus de l'Ancien Régime à la Révolution*, Paris, Le Cerf, 1983.

Plongeron B., *Théologie et politique au Siècle des lumières, 1770-1820*, Gèneve, 1973.

Trinquet J., « Les vies de Jésus », dans *L'Encyclopédie catholicisme*, Paris, Letouzey & Ané, 1967, t. VI, col. 793-800.

文学的・歴史的研究

Gibert P., Theoband C., *Le Cas Jésus-Christ*, Paris, Bayard, 2002.

Marchadour A. et coll., *Que sait-on de Jésus de Nazareth ?*, Paris, Bayard, 2001.

Marguerat D., Norelli E., Poffet J.-M. (éds.), *Jésus de Nazareth. Nouvelles approches d'une énigme ?*, Genève, Labor et Fides, 1998.

Meier J.-P., A Marginal Jew, New York, 1991 (trad. *Un certain Juif Jésus*), Paris, Le Cerf, 2004-2009, I-IV.

Schlosser J., *Jésus de Nazareth*, Paris, Noésis, 1999.

Theissen G., *Le Mouvement de Jésus. Histoire sociale d'une révolution des valeurs*, Paris, Le Cerf, 2006.

第一章　原資料と方法

Laplanche F., *La Crise de l'origine. La science catholique des Évangiles et l'histoire au XXe siècle*, Paris, Albin Michel, 2006.

Nodet E., *Histoire de Jésus. Nécessités et limites d'une enquéte*, Paris, Le Cerf,

2003.
Perrot C., *Jésus et l'Histoire*, Paris, Desclée, 1993, 2e éd., p. 19-70.

第二章　序幕

Légasse S., *Naissance du baptême*, Paris, Le Cerf, 1993.
Perrot C., *Les Récits de l'enfance de Jésus, dans Cahiers Évangile*, Paris, Le Cerf, 1976, 18.

第三章　新しい言葉

Grappe C., *Le Royaume de Dieu*, Genève, Labor et Fides, 2001.
Schlosser J., *Le Dieu de Jésus*, Paris, Le Cerf, 1987.
Vouga F., *Jésus et la Loi selon la tradition synoptique*, Genève, 1988.

第四章　救いの行為

Léon-Dufour X. (éd.), *Les Miracles de Jésus*, Paris, Le Seuil, 1977.
Perrot C., Souletie J.-L. et Thévenot X., Les Miracles tout simplement, Paris, Les Éditions de l'Atelier, 1995.

第五章　イエスのアイデンティティを求めて

Cullmann O., *Christologie du Nouveau Testament*, Neuchâtel, 1968.
Perrot C., *Jésus, Christ et Seigneur des premiers chrétiens*, Paris, Desclée, 1997.

第六章　十字架

Bovon F., *Les Derniers Jours de Jésus*, Genève, Labor et Fides, 1995.
Brown R. E., *La Mort du Messie*, Paris, Bayard, 2005.
Cousin H., *Le Prophète assassiné. Histoire des textes évangéliques de la Passion*, Paris, 1976.
Hengel M., *La Crucifixion dans l'Antiquité et la folie du message de la Cloix*, Paris, Le Cerf, 1981.
Légasse S., *Le Procès de Jésus*, Paris, Le Cerf, 1994-1995, I-II.

第七章　過越しの日の朝

Deneken M., *La Foi pascale*, Paris, Le Cerf, 1997.

訳者略歴

支倉崇晴（はせくら・たかはる）
一九三七年生まれ
一九六三年　東京大学教養学部教養学科フランス科卒業
専門は十七世紀フランス文学・思想
東京大学名誉教授
主要訳書
『メナール版パスカル全集』（共訳、白水社）

堤安紀（つつみ・やすのり）
一九四〇年生まれ
一九六三年　東京教育大学農学部農業化学科卒業
一九七一年　リヨン・カトリック大学神学部卒業
上武大学元教授
主要訳書
S・リヨネ『救いの歴史』
L・ブイエー『キリスト教の源流』

イエス

二〇一五年四月二五日印刷
二〇一五年五月二〇日発行

著者　シャルル・ペロ
訳者©　支倉崇晴
　　　堤安紀
発行者　及川直志
印刷所　株式会社平河工業社
発行所　株式会社白水社
東京都千代田区神田小川町三の二四
電話　営業部〇三（三二九一）七八一一
　　　編集部〇三（三二九一）七八二一
振替　〇〇一九〇—五—三三二二八
郵便番号一〇一—〇〇五二
http://www.hakusuisha.co.jp
乱丁・落丁本は、送料小社負担にてお取り替えいたします。

製本：平河工業社
ISBN978-4-560-51000-1
Printed in Japan

文庫クセジュ

哲学・心理学・宗教

文庫クセジュ

900 サルトル
905 キリスト教シンボル事典
909 カトリシスムとは何か
910 宗教社会学入門
914 子どものコミュニケーション障害
931 フェティシズム
941 コーラン
944 哲学
954 性倒錯
956 西洋哲学史
960 カンギレム
961 喪の悲しみ
968 プラトンの哲学
973 100の神話で身につく一般教養
977 100語でわかるセクシュアリティ
978 ラカン
983 児童精神医学
987 ケアの倫理
989 十九世紀フランス哲学
990 レヴィ＝ストロース

992 ポール・リクール
996 セクトの宗教社会学
997 100語でわかるマルクス主義
999 宗教哲学
1000 イエス

文庫クセジュ

芸術・趣味

64 音楽の形式
88 音楽の歴史
158 世界演劇史
333 バロック芸術
336 フランス歌曲とドイツ歌曲
373 シェイクスピアとエリザベス朝演劇
377 花の歴史
448 和声の歴史
492 フランス古典劇
554 服飾の歴史―古代・中世篇―
589 イタリア音楽史
591 服飾の歴史―近世・近代篇―
662 愛書趣味
674 フーガ
683 テニス
686 ワーグナーと《指環》四部作
700 モーツァルトの宗教音楽
703 オーケストラ
728 書物の歴史
734 美学
750 スポーツの歴史
765 絵画の技法
771 建築の歴史
772 コメディ＝フランセーズ
785 バロックの精神
801 ワインの文化史
804 フランスのサッカー
805 タンゴへの招待
808 おもちゃの歴史
811 グレゴリオ聖歌
820 フランス古典喜劇
821 美術史入門
849 博物館学への招待
850 中世イタリア絵画
852 二十世紀の建築
860 洞窟探検入門
867 フランスの美術館・博物館
886 イタリア・オペラ
908 チェスへの招待
916 ラグビー
920 印象派
921 ガストロノミ
923 演劇の歴史
929 弦楽四重奏
947 100語でわかるワイン
952 イタリア・ルネサンス絵画
953 香水
969 オートクチュール
970 西洋音楽史年表
972 イタリア美術
975 100語でわかるガストロノミ
984 オペレッタ
991 ツール・ド・フランス100話
998 100語でわかるクラシック音楽